日本経済の今を理解する7つのキーワード

株式会社 野村総合研究所
木内 登英 著
Takahide Kiuchi

一般社団法人 金融財政事情研究会

はじめに

我々の日々の暮らしの中で、経済のニュースに接する機会は極めて多い。ただし、それを表面的に見聞きするだけでなく、深く理解できているかについては個人差が大きいだろう。経済を深く理解することは、各種のビジネスや将来の生活、人生設計にも大いに役立つはずだ。

経済を深く理解することは、必ずしもその詳細を知ることではない。経済を多方面から立体的に捉えることが重要だろう。立体的とは、歴史的経緯を知ること、グローバルな視点から捉えること、つまり時間軸、地理的な広りを持って理解することだ。さらに、各経済テーマの間の相互関連を適切に理解することも重要だ。経済のテーマはそれぞれが深く連関している。

この3つの面を通じて、日々の経済ニュース、経済のテーマを深く理解し、ビジネスや生活に活かすことができるようになる。こうした考えに基づいて執筆したのが本書である。

本書では、現代の主要な経済のキーワードを7つ取り上げ、それぞれの歴史を遡り、またグローバルな視点を導入し、さらに相互の関連を明らかにしていった。各章の第1節は現状、第2節は「源流を探る」とし、歴史を遡る構成とした。グローバルな視点や、他のテーマとの関連性についての記述を、随所に盛り込んだ。

物価高を通じて個人消費を打撃する円安（第1章）については、日本の競争力を高め、日本経済にプラスと捉えられていた時期の方が長かった。足もとの円安進行の背景には、日本銀行の異例の金融緩和（第2章）が影響している。しかし、異例の金融緩和では、日本経済を再生させることはできず、物価高を助長する歴史的な円安という副作用を生じさせてしまった。

日本銀行も含め、世界の中央銀行は、暗号資産（仮想通貨）が犯罪に利用され、また金融政策に悪影響を与えないように目を光らせている（第3章）。そうした中、暗号資産への対抗も意識して、デジタル形式の法定通貨、ＣＢＤＣ（中央銀行デジタル通貨）を発行する動きが中央銀行の間に広まっている（第4章）。

日本銀行は２０３０年代初めにもＣＢＤＣを発行する可能性があるが、それは日本のキャッシュレス化を後押し、経済効率、経済の潜在力を高めることが期待される。日本経済の再生には、こうした労働生産性向上や潜在成長率を高めることが欠かせない。それを強く推進するためには、インバウンド戦略（第5章）を通じた地域経済活性化と東京一極集中是正、さらなる少子化対策の推進（第6章）、外国人材の活用なども有効となるだろう。

国際情勢が厳しさを増す中、経済安全保障政策（第7章）の重要性が高まっているが、政府による過度な介入によって民間経済の活動が阻害されないような注意も必要だ。ＣＢＤＣには、経済安全保障政策の一環として議論されてきた歴史もある。

筆者はマクロ経済を長年業務の対象としてきた。そこから得られた教訓の一つは、経済を深く理解するには、細部に目を奪われることなく、できる限り広い視点からそれを捉えることだ、と考えている。その要諦は、本書に込められた経済の立体的理解というアプローチにこそある。

本書が読者の現代経済を理解する一助となれば幸いである。

２０２４年12月

木内　登英

目　次

第1章　歴史的円安の顛末

第2章 日本銀行の金融政策正常化

第1節 異次元緩和との決別に動いた日本銀行……34

第2節 非伝統的金融政策の源流を探る……42

第4章 ＣＢＤＣ（中央銀行デジタル通貨）の展望

第1節 世界に広がるＣＢＤＣ

第2節 ＣＢＤＣの源流を探る

第5章 インバウンド戦略と地域経済の活性化

第1章

歴史的円安の顛末

第1節

歴史的な円安は終局か

日米金融政策の違いが生んだ急激な円安

２０２２年は世界の金融市場にとって大きな節目の年となった。２０２０年に世界に広がった新型コロナウイルス感染症、２０２２年に始まったロシアのウクライナ侵攻は、食料とエネルギーの価格を急騰させた。

物価高騰を受けて、米国の中央銀行であるＦＲＢ（米連邦準備制度理事会）は、２０２２年3月に利上げ（政策金利引き上げ）を開始した。初回の3月は０・25％の通常の利上げ幅だったが、次の5月には０・５％幅、その次の6月には０・75％幅の利上げペースと加速させていき、6月から11月にかけて4会合連続で、異例である０・75％幅の利上げを実施した。ＦＲＢは対応が遅れることで物価上昇率が加速し、コントロールできなくなってしまうことを強く恐れたのである。そうした中、他通貨に対するドルの価値は急速に高まり、為替市場ではドル独歩高の様相が強まっていった。

一方日本では、２０１３年以来、日本銀行が異例な積極金融緩和を実施していた。２％の物価目標の達成に強く

図表1－1　ドル円レートの推移

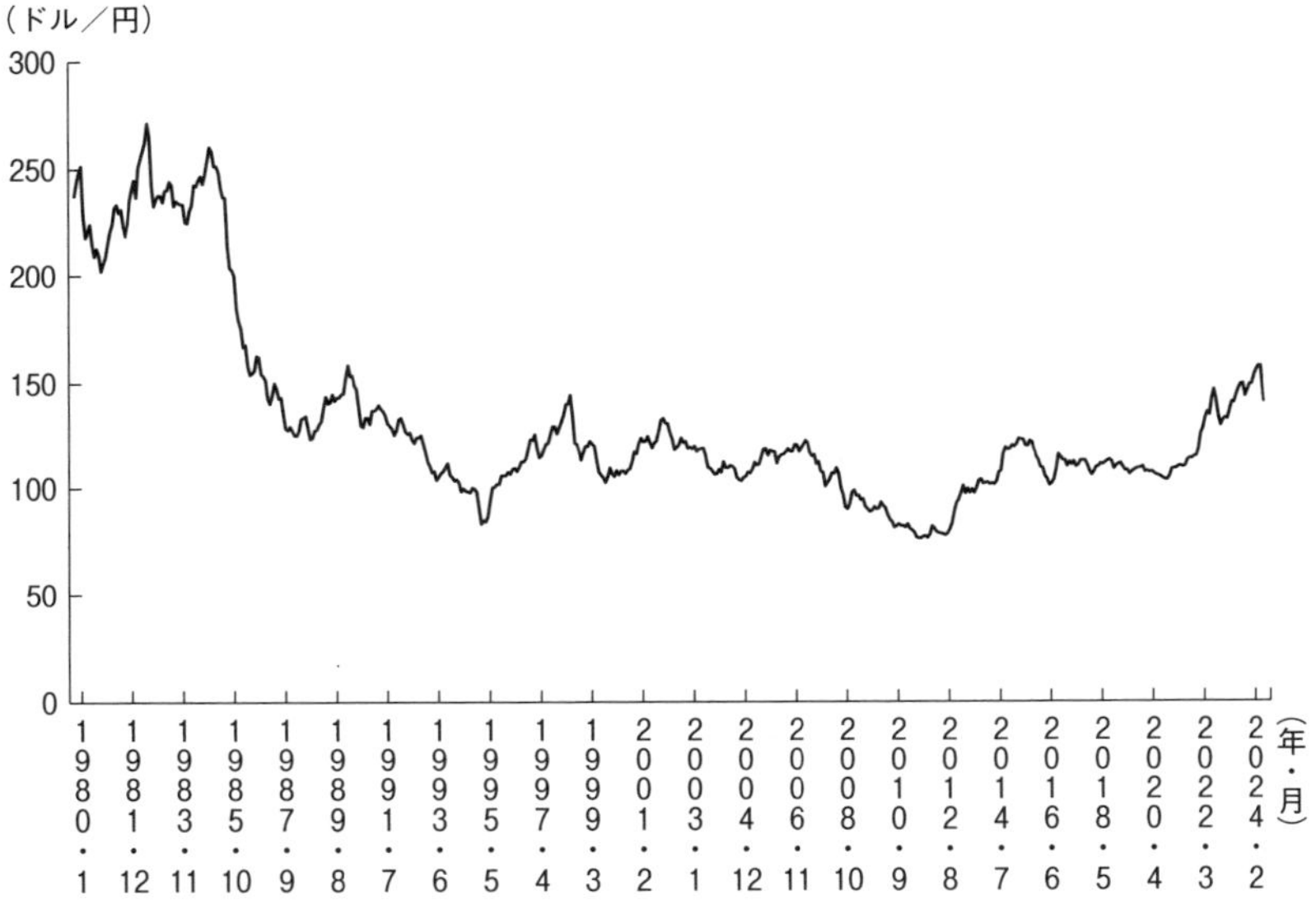

（注）　東京市場、月中平均
（出所）　日本銀行より野村総合研究所作成

こだわる日本銀行は、物価の高騰を受けてもなお金融緩和を維持したのである。

主要国の中央銀行が米国に続いて急速に政策金利を引き上げる中で、こうした日本銀行の金融政策姿勢はまさに異例であり、それが他通貨に対する円の価値の急激な下落を生んだ。つまり、日米の金融政策姿勢が大きく乖離した結果、「ドル高」と「円安」とがそれぞれ同時に進み、その結果、ドル円レートは急速に円安に振れた（図表1－1）。

ドル円レートが歴史的な円安水準に達する中、円安の背景について様々な議論がなされていった。日本経済の成長力の低下、技術力の低下、貿易収支の悪化やその背景にあるエネルギー自給率の低さといった、日本経済が抱える構造的な問題こそが、歴史的な円安の原因とする議論も高まった。

そうした要因が、長い時間をかけて円の価値を押し下げてきた可能性は高い。しかし、2022年の年初の1ドル115円程度から2024年7月の1ドル161円台までの急激な円安を説明するものとしては十分ではない。急激な円安進行には、日米金融政策の違いが強く作用していたことは疑いがなかった。

日経平均株価は過去最大の下落幅に

2024年8月5日に、日経平均株価は1987年10月の「ブラックマンデー」時を超え、1日で4451円28銭の過去最大の下落幅を記録した。

直接の引き金となったのは、同年7月31日に日本銀行が政策金利を0・25%まで引き上げる追加利上げを実施した後に（次項、第2章第1節）円高傾向が一段と強まったこと、8月2日に発表された米国7月分雇用統計で雇用者増加数が事前予想を大きく下回ったため、米国景気悪化懸念が生じたことと考えられる。

その底流にあるのは、2021年以降の世界的な物価高騰のもと、主要国中央銀行の中で日本銀行だけが低金利を維持し、結果生じた株高・円安の行き過ぎを調整したことであり、それが急速な株安・円高という形で一部顕在化したのではないか。なお株高・円安の行き過ぎが残る中、金融市場の不安定な動きは、今後も続く可能性があるだろう。

とはいえ、2022年以来急速に進んできた歴史的な円安は、なお紆余曲折はあるだろうが、おおむね終局にあると考えられる。ドル円レートは前述のように2024年7月11日の海外市場で1ドル161円台後半の円安水準にまで達したが、株価が暴落した8月5日には、一時1ドル141円台後半まで円安修正が進んだ。さらに9月16

日には1ドル139円台半ばまで円高となった。

FRBは2024年9月19日に0・5%の大幅利下げに踏み切った。ドル円レートを大きく左右する日米金融政策が逆方向に動く、という歴史的に見ても異例の大きな変化が生じつつある中、円安修正の流れは持続的なものとなりつつあるのではないか。

円安修正に向けて政府と日本銀行が協調

政府は2024年4月29日と5月1日に円買い・ドル売りの為替介入を実施し、その総額は9・8兆円だった。続く7月11日と12日にも円買い・ドル売りの為替介入を実施した。財務省は後に、6月27日~7月29日の間の介入規模総額を約5・5兆円だったと発表している。7月の介入は4~5月の介入より規模は小さかったが、為替市場への影響力は比較的大きく、7月11日を機に大きな幅で円安修正が生じている。

為替介入だけで為替市場の流れを変えることは難しいが、日本銀行の金融政策正常化と米国の金融緩和期待が加わることで、為替介入をきっかけとする円安修正の流れを後押ししている。

2024年7月31日の金融政策決定会合で日本銀行は、追加利上げと国債買い入れ減額計画を同時に決定した(第2章第1節)。無担保コールレートの誘導目標である政策金利は、それ以前の0~0・1%から0・25%程度へと引き上げられた。

2024年3月のマイナス金利政策解除以降に予想外に進んだ円安によって(本章第4節、第2章第1節)、追加利上げ時期が早められた可能性が考えられる。国債買い入れ減額計画発表と同時に日本銀行が追加利上げを決めた背景には、円安阻止に向けた強い姿勢を示す狙いもあったのではないか。

２０２４年４月の金融政策決定会合直後の植田総裁の発言が「円安容認」と受け止められ、為替市場では円安が加速してしまった。その後、円安による個人消費への悪化効果を警戒する政府が、日本銀行への批判を強めたとの報道も流れた。２０２４年７月の追加利上げは、日本銀行のこうした苦い経験を踏まえた面もあったのではないか。

２０２２年と２０２３年に、ドル円レートが一時的に円高方向に動いた後、再び円安の流れに振り戻された背景には、米国の経済・物価指標の上振れによって、ＦＲＢの利下げ（政策金利引き下げ）期待が後ずれしたことが大きく影響した。しかしＦＲＢは利下げを開始しており、さらに利下げを進めていく方向が揺るがない情勢となってきた。この点からも、今回こそは本当に円安が本格的に修正されていく局面に入ったと考えることができるのではないか。

緩やかな円安修正か、急速な円安修正か

円安は、グローバル企業の収益を拡大させ、株価を押し上げる。他方、円安は先行きの物価上昇懸念を強め、個人消費には逆風となる。このようにして、円安は株高と個人消費悪化という日本経済の二極化を生み出してきた。この点は本章第３節でより詳しく見よう。

この先、円安が修正されていく過程では、個人の物価上昇懸念が緩やかに低下していくことから、これが低迷を続けてきた個人消費の回復を後押しすることが期待できるだろう。この点から、緩やかな円安修正は、日本経済に

はプラスに働くと考えられる。

円安の大きな原因の一つとなったのは、世界的な物価高騰のもとでも日本銀行が金融緩和を維持する中、企業、家計、そして金融市場の中長期の物価上昇率見通し（インフレ期待）が上振れたことである。物価高は通貨価値の下落をもたらすためだ。

この先、日本銀行が政策修正を進め、円安傾向が修正されていく中で、物価上昇率は低下傾向を辿ることが予想される。それは金融市場の中長期の物価上昇率見通しも低下させるだろう。しかし一度大きく上振れた見通しが修正されるのには時間を要することから、円安修正も緩やかに進むと考えられる。例えば、この先数年かけて均衡値と考えられる1ドル115~120円の水準まで緩やかに円安が修正されていくことを想定しておきたい。

しかし、仮にもっと急速なペースで円高と株価下落が進めば、企業収益の急速な悪化、株価の大幅下落、逆資産効果を通じて、日本経済には一転して大きな打撃となってしまう。日本銀行の金融政策正常化だけでは、急速な円高・株安にはなりにくいと考えられるが、米国の情勢次第ではそうしたリスクが出てくるだろう。それは、米国が景気後退に陥ることや、2025年1月に始まる新政権がドル安政策を強く打ち出す場合などだ。日本の金融市場と経済を揺るがすワイルドカードは米国側にある。

第2節

円を巡る議論の源流を探る

かつては1ドル360円の時代もあった

近年でこそ、円安の進行がもたらす物価高などのマイナス面に注目が集まっているが、戦後の長い歴史の中では、日本は円高に苦しめられる時期が続いた。

第二次世界大戦後に、ドルを基軸通貨とする国際通貨制度が作られた。これは、1944年に米国ニューハンプシャー州のブレトンウッズホテルに連合国の代表が集まって決められたため、「ブレトンウッズ体制」と呼ばれている。

金1オンス＝35ドルと定め、ドルと金との交換比率を固定したうえで、各国通貨と米ドルの交換比率を固定するという、ドルを介した金本位制の仕組みだった。これは、金・ドル本位制とも呼ばれた。円については、1949年4月に1ドル＝360円と正式に定められた。終戦後の日本経済の安定と自立を目標に、米国の銀行家でGHQ顧問だったジョゼフ・ドッジが打ち出した経済安定9原則（ドッジ・ライン）に沿って決定されたものだ。この為替レートは1971年8月の「ニクソンショック」まで続いたのである。

金・ドル本位制のもとでは、金の量は大きく増えない中、米国経済の成長や貿易決済でのドルの利用の広がりなどを受けて、ドルの発行量は急速に増えていった。そうした不均衡のもとで、ドルの価値が金に対して下落する潜在的な圧力が着実に高まっていき、金とドルの固定交換レートをいよいよ維持できなくなったのである。

当時のリチャード・ニクソン米大統領は、米ドル紙幣と金との交換を一時停止する措置を発表した。これがニクソンショックと呼ばれるものだが、それによって金・ドル本位制は崩れ、「ブレトンウッズ体制」は終わった。

1971年12月に、金1オンス＝35ドルから38ドルへとドルを切り下げ、1ドル＝360円から308円へと円を切り上げるなど、通貨の多国間調整が行われた。これは「スミソニアン体制」と呼ばれたが、それも長続きはしなかった。1973年に、先進国は相次いで変動相場制へと切り替えていった。日本は1973年2月に完全な変動相場制へと移行した。これが長い円高の歴史の始まりである。

長く続いた円高のトレンド

その後為替市場では、対ドルで円高の価値が切り上がる円高トレンドが続いた（本章第1節、図表1－1）。その大きな要因は、物価の安定だろう。現在もそうであるが、日本の物価上昇率は米国の物価上昇率よりも一貫して低い。2国間では物価上昇率の差だけ名目為替レートが調整され、その結果、両国の製品の国際競争力は相対的に一定に維持され、また二国間の貿易収支が均衡する、というのが「購買力平価」による為替レートの決定の考え方だ。

図表1－2　実質実効円レート

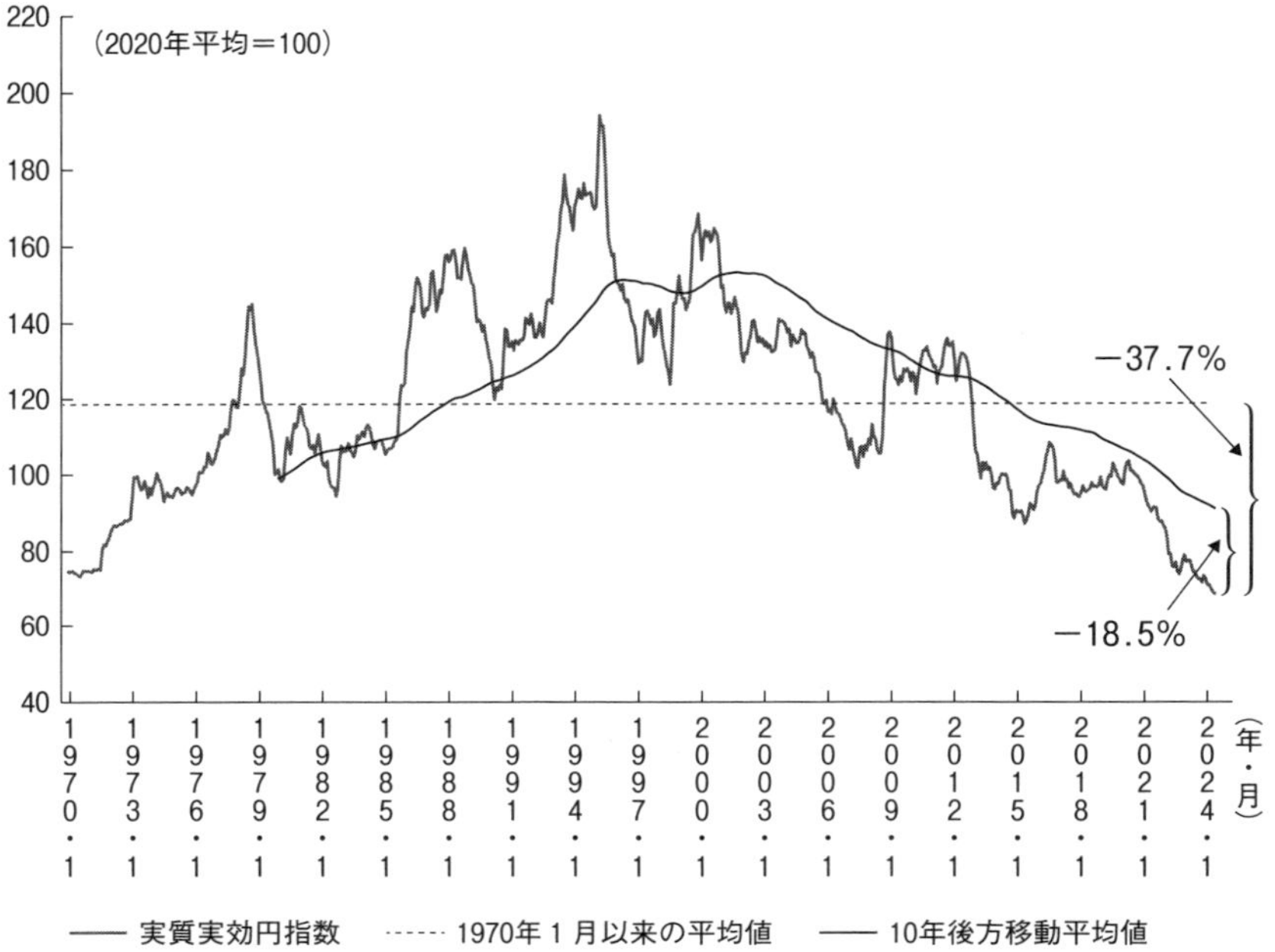

（注）　最新値は2024年9月
（出所）　日本銀行より野村総合研究所作成

それに加えて、日本経済の相対的な国力の高まり、技術力の向上などが反映されて円高になった面もあったと考えられる。円の他の通貨に対する相対的な価値を貿易ウエイトで計算し、さらに内外の物価上昇率の差を調整した「実質実効円レート」を見ると、1990年代半ばまでは円高トレンドが続いた（図表1－2）。これは、内外の物価上昇率の格差、つまり購買力平価以上に円高に振れたことを意味する。それは、価格面で見れば日本製品の国際競争力が低下したことを意味するが、それを凌駕する高い国力の評価や技術力の優位性などが円高を主導したと考えられる。

しかし1990年代半ば以降は、実質実効円レートは低下傾向を辿っている。バブル崩壊後の日本経済の低迷、技術力の低下などが背景にあるのだろう。しかし名目値のドル円レートで見れば、その後も円高傾向は続いたのである。

２００８年のリーマンショック（グローバル金融危機）を受けた経済の悪化などは、リスク回避による円高傾向を生じさせた。日本の機関投資家は、投資環境が悪化すると、リスクの軽減を図るために、為替リスクがある外貨建て資産を売却して、日本国債などの国内安全資産に移す傾向がある。そのため円は、リスク逃避先通貨と位置付けられるようになっていった。仮にそのリスクの震源地が日本である場合でも、リスク回避の円買い、円高が生じるのである。

例えば、１９９５年４月には円は当時の最高値１ドル79円70銭台を付けた。これは、１９９５年１月に起きた阪神・淡路大震災が引き金となったものだ。さらに、２０１１年３月に起きた東日本大震災直後には、１ドル76円20銭台を記録し、さらに同年10月に起こったギリシャ危機の影響が加わり、史上最高値の75円50銭台を記録したのである。

国民の間に染み付いた円高恐怖症

円高には、輸入食料品やエネルギー関連品の価格下落をもたらすなど、国民生活にプラスとなる側面も少なくない。しかし日本では長いこと、国民は円高のマイナス面ばかりに注目する傾向があった。いわゆる「円高恐怖症」が染み付いていたのである。

円高が輸出企業の活動に打撃を与え、それを通じて経済全体に悪影響を与える、との考えが強かったためだ。国民がそのように考えるようになった原因の一つは、日本の主要株価指数にあるのではないかと思われる。そうした株価指数には大手輸出企業の銘柄が多く含まれるため、円高が進むと輸出企業の一時的な業績悪化を織り込んで株価が下落しやすい。

しかし実際には、そこには含まれない内需型の小規模企業が数多く存在しており、それらは逆に円高のメリットを受けやすいはずだ。多くの国民が注目する主要株価指数は、日本企業全体の状況を正確に反映する指数にはなっていない、と言える。しばしば言われる、「株価は日本経済全体を映す鏡」にはなっていないのである。

当局に安易に円高対策を期待することの弊害

さらに国民は、円高進行は政府や日本銀行の失策の結果、と考える傾向があったと思われる。そのため、選挙を意識すれば、政府は円高対策の実施を余儀なくされる。日本銀行もまた、政府や国民からの批判を避けるため、円高を容認しない姿勢を強くアピールする必要が生じる。こうして、円高進行は日本銀行の政策に大きな影響を与え、大幅な金融緩和のきっかけになってきたと考えられる。

現状では、円安進行が日本銀行の金融政策の正常化を後押ししているが、それとは全く逆のことが、長らく続いてきたのである。

2008年のリーマンショック後が代表例だが、円高が進むたびに、日本銀行は、金融緩和に消極的だったことで円高進行を許した、と政府、国民から強く批判されることがあった。その経験が一種トラウマとなり、そうした事態を再び繰り返すことを何としても回避したいと強く考えた。そしてそれが、過剰な金融政策を生んでしまった面があったのではないか。

それ以前にも、国民の間に染み付いた過度な円高恐怖症を背景に日本銀行は、1970年代のニクソンショック後の円高進行時、1980年代のプラザ合意後の円高進行時に、それぞれ過剰な金融緩和を実施し、ともにバブル形成とバブル崩壊後の厳しい経済環境を生み出している。それらは結局のところは、国民の生活を大いに苦しめることになったのである。

国民には、円高進行時に安易に政府、日本銀行に円高対策を期待するという甘えの姿勢があった。現状では逆に、円安進行時に政府、日本銀行に円安対策を期待する傾向が国民の間で強い。

しかしこうした世論こそが金融政策の行き過ぎを生じさせ、最終的には経済を不安定にさせてしまうリスクがあることを国民も学ばなければならないのではないか。

第3節

円安が生んだ日本経済の二極化

円安は日本経済にプラスか、マイナスか

国内上場企業の２０２４年3月期決算では、純利益が3期連続で過去最高を更新した。東証プライム市場に上場する１０７１社の純利益は前期比20％増となった。業種別に見ると自動車・部品の回復が特に鮮明で、その純利益は前期比で約82％増え、上場企業全体の増益額の47％を占めたのである。

企業の好業績とは対照的に、日本経済全体は低迷を続けている。特に、物価高騰に見舞われた個人消費の弱さが際立っている。

こうした異例の二極化傾向を生み出しているのは、歴史的な円安だ。円安進行は、物価高騰のもとで経済が低迷する、スタグフレーションのリスクを高める。

第1節でも触れたように、ＦＲＢ（米連邦準備制度理事会）が２０２２年3月に利上げ（政策金利の引き上げ）に踏み切ると、ドル円レートは1ドル１１５円程度からドル高円安傾向を強め、２０２４年7月には1ドル１６１円

台後半にまで円安が進んだ。34年ぶりの円安水準だ。

この間、円安のメリットとデメリットを巡って、盛んに議論がなされてきた。円安は、日本企業の輸出競争力を高め、輸出数量を増加させる。さらに、企業の輸出代金の受け取りや海外で稼いだ利益の円換算値を膨らませることから、企業収益の拡大を通じて日本経済にとってプラスの面が大きい、と長らく考えられてきた。円安が進む際には、日経平均株価など主要な株価指数が上昇する傾向があることも、「円安は日本経済にプラス」との印象を、国民の間に長らく植え付ける役割を果たしてきただろう。

しかし従来とは異なり、最近の円安局面では、円安のメリットを享受できるはずのグローバル企業も含めて、円安のデメリットを強調する企業の声が目立って多かった。

円安には経済にプラスの面がある一方、輸入原材料価格の上昇を通じて、内需型企業を中心に企業収益を損ねてしまう、物価高が個人消費の逆風になるなど、マイナス面も相応にある。

「円安は日本経済にプラスか、マイナスか」という疑問に従来答えを出してきたのは、経済モデルを使ったシミュレーションだ。内閣府の「短期日本経済マクロ計量モデル（2022年版）」によると、10％の円安は1年間で実質ＧＤＰをプラス０・12％押し上げる。

しかし、この結果をもって、円安は全体として日本経済にプラス、と単純に結論付けることはできないだろう。

日本経済は円安に弱い体質に構造変化したか

こうした計量モデルは、長期間にわたる過去のデータを用いて作成されるが、その結果、近年の貿易構造の変化を十分に反映していない、という問題があると考えられる。

2008年のリーマンショック（グローバル金融危機）後に、ドル円レートは一時1ドル70円台まで超円高が進んだが、これを受けて、企業は貿易、生産体制を大きく見直した。輸出企業は円高による輸出競争力の低下を避けるため、生産拠点を海外へと積極的に移転させた。そして、海外の自社工場向けの部品や原材料の輸出を増やし、また、海外で製造した製品を国内に逆輸入する傾向も強めていったのである。

このように貿易構造が変わると、円安で国際競争力が高まり、輸出数量が増えるとは単純には言えなくなる。また、海外の自社工場への部品や原材料の輸出、日本への自社製品の逆輸入という、同一企業内で国境を超えた貿易が増えていく中では、為替変動の収益への影響も相殺されやすくなる。

他方、超円高のもとで、輸出企業も含めて日本企業は、総じて、国内での製造過程で安い輸入原材料品を多く使うようになった。そのため、為替がひとたび円安に振れると、輸入原材料価格が上昇し、企業の収益がより圧迫されるようになっていく。また、輸入原材料の価格の上昇は、国内製品の価格により転嫁されるようになり、物価高を通じて個人消費に強い逆風となったのである。

このように、リーマンショック後の超円高を受けた企業の貿易、生産体制の見直しの影響から、円安による経済的メリットは従来よりも小さくなり、逆にデメリットは大きくなった。トータルで現在の円安が経済にプラスかマイナスかを数値で厳密に示すことはできないが、後に見る個人消費の異例なほどの弱さ等を踏まえると、マイナスである可能性が考えられる。

輸出入ともに円建てでの契約の比率がもっと高まれば、企業の活動は為替の変動の影響をより受けなくなる。それは、経営の安定という観点から望ましいことだが、その実現はかなり難しい。ドル建て契約でほぼ全ての貿易ができるのは米国だけであり、それはドルが事実上の基軸通貨であることの特権と言える。日本でも、「円の国際化」が１９８０年代から叫ばれたが、貿易の円建て比率は一向に上がっていない。これは、個別企業レベルでの対応では、どうしようもないことだ。

また企業は、為替予約などを用いて、為替変動が経営に与える影響を緩和することができるが、それにも相応のコストがかかってしまう。企業経営にとって大きな課題である為替変動リスクの軽減には、後に本章第4節で見るように、政府と日本銀行の協調による為替安定策に期待する他はないだろう。

「輸入インフレ・ショック」に見舞われた日本経済

厚生労働省が公表した毎月勤労統計（速報）で、現金給与総額の増加率から消費者物価上昇率を差し引いた実質賃金は、２０２４年5月分まで過去最長となる26か月連続で前年同月比マイナスとなった。実質賃金は、個人の購買力を示すものであり、それが下落する中では個人消費は抑制される。

２０２４年9月分以降は実質賃金上昇率のプラス基調が定着すると考えるが、それだけで個人消費が力強さを増す訳ではないだろう。２０２２年以降、海外でのエネルギー・食料品価格の上昇、円安進行の影響を受けて、輸入物価は大幅に上昇した。日本は未曽有の「輸入インフレ・ショック」に見舞われたのである。物価上昇に賃金上昇が追い付かない時期が続く中、２０２１年平均と２０２３年平均との比較で、実質賃金は3・5％も低下してしまった。

実質賃金が前年同月比で上昇に転じても、「輸入インフレ・ショック」前の水準にまで戻るのには、まだ時間がかかるだろう。

2024年の春闘での賃金上昇率の上振れは、「輸入インフレ・ショック」による物価高騰を後追いする、いわば正常化の過程と考えられる。しかし、その正常化はまだ始まったばかりであり、「輸入インフレ・ショック」の後遺症はまだ長く残るはずだ。

2024年4〜6月期の実質GDP（二次速報値）は前期比プラス0・7％と、前期の同マイナス0・6％から2四半期ぶりに増加に転じたものの、前期の成長率と均してみると、依然、日本経済は低成長が続いていると考えられる。

同年4〜6月期の実質個人消費は、前期比プラス0・9％と高めの増加となった。春闘での高い賃上げを反映して、実質雇用者報酬が前期比プラス0・8％と上振れたことが、実質個人消費の改善に繋がった面もある。

しかし同年1〜3月期まで、実質個人消費は4四半期連続で前期比マイナスだった。実質個人消費が4四半期連続でマイナスとなったのは2009年1〜3月期以来のことであり、かなり異例と言える。

2009年のこの時期には、リーマンショックという歴史的な経済危機が続いていた。今回、それに匹敵するような経済危機が起きていないにもかかわらず、実質個人消費が4四半期連続マイナスとなった理由は、抑えが効かなくなった円安を通じた物価高騰がこの先も続くとの個人の懸念を強め、個人消費を大きく損ねてしまったことといえるだろう。

第4節

政府の為替介入と日本銀行との為替安定協調策

「覆面介入」と「円押し上げ介入」

第1節で触れた政府の為替介入についてより詳しく見ていこう（第2章第1節）。2024年3月19日に、日本銀行はおよそ8年続いたマイナス金利政策を解除した。この政策転換は日米間の金利差を縮小させ、円安修正のきっかけになる、と当初は広く予想されていた。しかし実際には、その後も円安傾向は続いたのである。

日本が大型連休中だった4月29日の朝に、ドル円レートは一時1ドル160円台に乗せた。ところが同日の午後には為替は一転して円高に振れ、1ドル155円近くまで一気に円が買い戻された。1時間以内に4円程度も円高に振れることは、通常の取引では起こりにくい。

さらに、日本時間の5月2日早朝には、1ドル157円台から一時153円台まで円が急騰した。いずれも、政府はその時点では明らかにしなかったが、政府による為替介入があったと既に当時、広く考えられた。政府が為替介入を実施しても、その事実を公表しない「覆面介入」は、2022年にも採用された手法だが、市場を疑心暗鬼に陥れることで、円安の流れを強くけん制する効果が期待されている。

米国時間の5月1日には、ＦＯＭＣ（米連邦公開市場委員会）が開かれた。予想通りに政策変更は見送られたが、その後の記者会見でＦＲＢ（米連邦準備制度理事会）のパウエル議長は、「ＦＲＢの次の動きが利上げとなる可能性は低い」と述べたことなどが注目を集め、円がやや買い戻された。

日本政府は、ＦＯＭＣを受けて再び円安の流れが強まれば、米国市場でドル売り円買いの為替介入に踏み切る準備を事前にしていたと推察される。しかし実際には逆に円高に振れたことから、それを見て戦略を転換したのだろう。つまり、市場の流れが円高に振れたタイミングを捉えて、「円の押し上げ介入」に戦略を転じたのである。

市場で円安の勢いが強い際には、仮に円買い・ドル売り介入を実施しても、その効果は短期間で市場に吸収されてしまう可能性がある一方、一時的に円高の流れに転じたタイミングで「円の押し上げ介入」を実施すれば、比較的容易に円高を促すことが可能となることがしばしばある。

第1節で、２０２４年4月・5月と7月に政府が実施した為替介入について述べた。特に4月・5月の円買い・ドル売りの為替介入の総額は約9・8兆円であり、２０２２年9月・10月の合計3回の円買い・ドル売りの為替介入約9・２兆円を上回る規模であった。

為替安定に向けた政府と日本銀行の連携

第1節でも述べたように、為替介入だけで円安の流れを変えることは難しい。日本銀行の「外国為替およびデリバティブに関する中央銀行サーベイ（２０２２年4月中取引高調査）」によれば、日本の外国為替市場での1営業日当たりの平均取引高は4325億ドルだ。これは1ドル150円で換算すると64・9兆円である。既に見た為替介入の規模は、この64・9兆円と比べるとかなり小さい。為替介入だけで市場の需給に大きな影響を与えることは難しい、と考えられるのである。

しかし、為替介入によって円安の流れを一時的に食い止め、時間稼ぎをすることはできる。為替介入は「時間を買う政策」とも言われる。そして、円安阻止に向けた政府と日本銀行の連携強化の姿勢を、この為替介入と組み合わせることで、円安阻止の実効性は高まると期待される。

為替政策を担うのは政府であり、日本銀行は為替レートを金融政策運営の目標にはしないが、経済の安定を損ねかねない円安に対する警戒を示し、また為替の安定に向けて政府との連携を強化するとの姿勢を対外的にアピールすれば、円安阻止の効果は一定程度生じさせることができるだろう。

日本銀行が2024年7月に実施した追加利上げには、政府の為替介入を受けた円安修正を援護する狙いもあったように思う。事実上の、政府と日本銀行の円安修正に向けた協調策と言えるのではないか。

為替は日本銀行の政策目標ではないが

日本銀行には、物価の安定と信用秩序の維持（金融システムの安定）という2つの使命（マンデート）がある。為替の安定は日本銀行に与えられた使命ではない。他国では、中央銀行の使命に為替の安定が含まれている中央銀行もあるが、日本では、1998年に施行された新日本銀行法で、為替政策は政府が担うものであり、日本銀行は政府の要請に基づいて為替介入の実務を担う、と改めて規定された。

物価というのは通貨の価値の裏返しだ。そして為替は、日本の法定通貨と海外の法定通貨との交換レートであることから、本来、物価と為替は表裏一体の関係にある。日本銀行は、物価を通貨の対内的価値、為替を通貨の対外的価値と整理する。

しかし、国内物価の安定と為替の安定とは、短期期には矛盾することがある。例えば、国内では物価上昇率が目標値を超えて上振れする一方、為替市場で円高が過度に進んでいる局面では、日本銀行は前者の物価安定の目標達成のためには金融引き締めを行うことが求められるが、後者の為替安定の目標達成のためには金融緩和を行うことが求められる。こうした矛盾が生じないように、日本銀行の使命から為替安定が外されているのである。

また、為替政策では、しばしば各国間の利害が衝突することから、それは外交政策の領域にも入る。そのため、為替の安定を目指す為替政策は、日本銀行ではなく政府が担うこととなった。

しかし、物価と為替は表裏一体の関係にあり、物価高が円安を後押しし、また円安が物価高を後押しするといった相互依存関係にもある。そこで、日本銀行も物価の安定を達成するためには為替市場の動向にも目を配り、為替市場への影響に十分注意しながら金融政策を決めることになる。

その結果、現在のように円安阻止で政府と日本銀行の足並みが揃い、事実上、政府と日本銀行との間で為替の安定に向けた協調策が成立することになる。

国際金融のトリレンマ

国際金融の分野で広く知られた説に、「国際金融のトリレンマ」というものがある。これは、ある国の通貨政策で、①為替相場の安定、②金融政策の独立性、③自由な資本移動、の3つは同時には成り立たないというものだ。そのもとで、為替市場の安定を確保するためには、金融政策の独立性か自由な資本移動のどちらかをあきらめなければならない。

日本では、日本銀行が物価の安定という使命を捨てて、為替の安定だけを目標とすることは考えられない。また、再び強い資本規制を導入することも考えられない。そのため、為替相場の安定を完全に確保することはできないのである。

しかし、日本銀行が為替にも一定程度配慮しながら金融政策を決定することは、金融政策の独立性の制限を部分的に受け入れている、とも解釈できるだろう。また、政府の為替介入は、自由な市場で決まる為替市場に介入することで、自由な資本移動の制限を部分的に受け入れている、とも解釈できるだろう。

この2つの合わせ技によって、「国際金融のトリレンマ」が成立するもとでも、為替の安定に対して、政府と日本銀行の協調が一定程度貢献できたことで、歴史的な円安は終焉を迎えようとしていると考えることもできるのではないか。

第5節

米中通貨覇権争いの行方

人民元の国際化を進める中国

本節では、海外に視点を移して米中の通貨覇権の行方について考えてみたい。本章で扱う円の議論から少し離れるようにも見えるが、実は、米中の通貨覇権の行方は円の価値に非常に大きな影響を与え得る。米国ドルの通貨覇権が揺らぎ、中国人民元のプレゼンスが国際市場で高まれば、ドルの価値は大幅に低下するだろう。そうなれば、リスク回避傾向も加わって、円の価値は対ドルで大幅に上昇し、日本経済に大打撃となることも中期的には展望できるのである。

中国は、貿易で人民元建て契約を広げるなど、世界で人民元利用を拡大させる「人民元の国際化」を強く目指している。海外との貿易や証券取引等が事実上の基軸通貨であるドル建てで実施されていると、米国以外の国や中央銀行は、ドルの調達に支障が生じて経済活動が混乱することがないように、不測の事態に備えて外貨準備でドルを手厚く保有しておく必要が生じる。

ところが、ドルを大量に保有していると、人民元に対してドルの価値が下落した場合に、大きな評価損が発生してしまうことを中国は問題と考えてきた。そのきっかけとなったのは、２００８年のリーマンショック（グローバル金融危機）だ。その際、米国の金融市場と経済が混乱し、また金融機関の経営が揺らいで金融システム不安が浮上する中、ドル安が進み、それが外貨準備にもたらす損失のリスクを、中国は強く意識し始めたのである。そこで中国は、貿易や証券取引等で人民元建ての契約を広げ、ドルの保有を減らそうとした。

人民元の国際化のメリットはそれだけではない。人民元建てで輸出入ができれば、企業は外貨を調達するコストを負う必要がなくなるうえ、為替変動リスクも負わなくて済むようになる。一般に通貨の国際化が進んだ国は、このような大きな恩恵を得ることができる。

さらに進んで、米国のように事実上の基軸通貨国の地位を獲得できれば、海外への支払いの多くを自国通貨で済ますことができるため、借金返済に行き詰まってデフォルト（返済不能）を起こすリスクも相当低下する。まさに「とてつもない特権」を手にすることができるのである。

急速には進まない人民元の国際化

ＳＷＩＦＴ（国際銀行間金融通信協会）が２０２４年７月に発表した同年６月時点での世界の決済通貨ランキングによると、中国人民元の決済額構成比は４・６％で世界第４位だった。１位は米ドルの47・１％、２位はユーロの22・７％、３位は英ポンドの７・１％だ。人民元は２０２１年12月に初めて日本円を抜いて世界４位の国際決済通貨となっていた。

これは、人民元の国際化が進展してきていることを示している。それでも、決済額構成比はまだドルの10分の1以下であり、経済規模で世界第2位の中国が、決済通貨ではドルに大きく後れをとっている状況は変わらない。

輸出入の契約や決済でどの通貨を選ぶかは、海外企業との間の力関係、つまり民間ベースで決まるもので、中国政府がそれに強く介入することは難しい。通常は、経済力が大きい国の通貨建てで契約が決まる傾向がある。貿易の規模で言えば中国は既に世界一であり、この点からは、貿易の人民元建て契約・決済比率がもっと高まってもよいはずだ。

人民元の国際化を阻んでいる最大の要因は、交換可能性（convertibility）の問題だろう。いつでも支障なく自国通貨やドルなどと交換できなければ、海外企業は中国向けの輸出代金を人民元で受け取りたくない。また、人民元建ての輸入代金を支払うために人民元を調達し、手元に持っておくことにも抵抗が生じるだろう。

中国は、国際的な金融取引でなお多くの資本規制を残している。さらに、ドル、ユーロ、円、ポンドのようにその価格が完全に市場で決まるのではなく、中央銀行の中国人民銀行が市場に介入する「管理変動相場制」が採用されている。

政府の政策によって為替取引が制限され、また為替レートが操作されることが、人民元の信頼性を損ねている面がある。

基軸通貨の条件は何か

1973年にブレトンウッズ体制が崩壊した後も（本章第2節）、ドルは世界の国際間での金融取引の中で圧倒的なシェアを持つ、事実上の基軸通貨の地位を今日まで維持している。一国の通貨が基軸通貨、あるいは事実上の基軸通貨となることができる条件とは一体何だろうか。

既に見たように、自由な取引がなされるもとで交換性が確保されていることに加えて、経済・貿易の規模の大きさ、国内金融市場の規模の大きさ、信頼性の高い中央銀行の存在、強い軍事力の保有、などの要件が挙げられる。

一国の通貨が、基軸通貨として世界中の金融取引で用いられるようになると、その通貨に対する需要が高まっていく。基軸通貨国がその需要に応えきれないと、通貨の価値が過度に高まり、基軸通貨国も含め世界的にデフレ圧力がかかってしまうだろう。

そこで基軸通貨国は、世界が必要とする基軸通貨を積極的に供給する役割を担うことになるが、それは、基軸通貨国が経常赤字を拡大させることで実現されやすいだろう。かつての基軸通貨国であった英国も、現在の米国もそうだ。経常赤字が続くと、その分対外純債務が拡大する。その結果、米国にとってのドル建て債務が、海外にどんどん蓄積されるようになっていくのである。

ところが経常赤字を通じて海外にドルを供給していると、ドルの需給が悪化し、ドルの価値が下落、あるいはその信頼性が低下してしまうリスクが高まるのである。基軸通貨国としては、経常赤字を通じて海外にドルを供給することが、世界経済の発展のために欠かせないが、一方でそれがドルの信認を低下させ、ドル下落のリスクを高める。それは米国の金融市場を不安定にし、また世界経済の発展にも障害となってしまうのである。

このように、一国の通貨を基軸通貨とする制度のもとでは、基軸通貨の流動性の向上とその信認の維持との両立が難しいことは、「トリフィンの（流動性）ディレンマ」と呼ばれている。ポンドが基軸通貨の座を降り、またドルも正式な基軸通貨の座を短期間しか維持できなかったのは、こうした矛盾によるものだ。

しかしながら、そうした矛盾を抱えながらも、ドルが事実上の基軸通貨の地位を続けているのは、米国内に大きな金融市場があることがその一因だろう。規模が大きく流動性が高く、そして高い信頼性がある金融市場があれば、経常赤字を通じて海外に供給されたドルを、再び米国に円滑に呼び込むことができる。そのため、一方的に通貨の価値が下落することにはならない。米国では、財務省証券（国債）市場が、海外からのドル還流の大きな受け皿の役割を果たしているのである。

近い将来はドルの覇権は揺るがない

近い将来、人民元がこうしたドルの地位を脅かし、世界の（事実上の）基軸通貨になると考える向きは、現時点ではかなり少数派だろう。

基軸通貨国は、仮に経済規模で世界のトップの座から滑り落ちても、慣性から基軸通貨の地位はかなりの期間維持できる、ということを歴史が示している。ドルが正式に基軸通貨の地位を得たのは第二次世界大戦後であるが、第一次世界大戦後には、英ポンドとドルとは、並行して基軸通貨の役割を果たしていたと考えられる。１９１０年には、米国は既に経済規模で英国を上回っていた（注1）。そこから、基軸通貨国の地位を正式に英国から奪うまでには、30年以上の時間を要したのである。

基軸通貨国のプレゼンスが低下してからも、世界の通貨としての利用はすぐには失われない。そして、既に見たような基軸通貨国の特権も続く。基軸通貨には慣性の法則が働きやすいのである。

さらに、経済規模では大きくなっても、為替市場、国際的な資金取引に規制が残る中国は、簡単には基軸通貨国の地位を米国から奪うことはできない、というのが過去の経験を踏まえたうえでの、常識的な判断なのだろう。

人民元はドルとは違う土俵で戦う

先進国市場で、人民元がドルと競ってその勢力を強めていくことは簡単ではなく、少なくともかなりの時間がかかるだろう。しかし、非常に使い勝手の良いＣＢＤＣ（中央銀行デジタル通貨）の「デジタル人民元」が登場することで、人民元の利用が新興国の間で急速に広まっていくことは、近い将来でも考えられるのではないか（第４章第５節）。

米中対立を契機に先進国市場から一部締め出されつつある中国は、一帯一路参加国との間の貿易関係を強めている。そうした地域との間では、輸出入の契約・決済に人民元の利用が広がっていくだろう。

さらに、中国が一帯一路参加国をベースに、単に経済的な結び付きにとどまらず、政治上、安全保障上のブロックを形成していく場合には、そうした国に対して、人民元の利用を半ば強制していくことも考えられるのではないか。中国を盟主とした連合体として、中国経済圏、人民元通貨圏を形成していくのである。

その場合、先進国市場で人民元がドルの地位を脅かすことはなくても、新興国を中心に人民元の利用は広まっていく。その結果、世界全体で見れば、人民元の利用比率が急速に高まっていく。

このように、中国は先進国市場ではなく、新興国市場で人民元の利用を拡大させ、人民元の国際化を進めていく狙いがあるのではないか。いわば、「米国とは異なる土俵」の上で、ドルと競争するのである。

このように、人民元がドルにとって代わるのではなく、ドルと人民元がそれぞれ異なる地域で、主要な国際通貨として併存する世界が、将来的には十分に展望できるのではないか。

新たな経済圏・貿易圏の形成と一体となって、人民元の海外での利用を促し、中国の人民元建て国際銀行決済システムのＣＩＰＳが人民元決済を担っていくというのが、中国が米国の国際金融覇権を脱するための第一歩だろう。さらに人民元の国際化を進め、米国の国際金融覇権を本格的に脱するための重要な手段と中国が位置付ける、いわゆる奥の手がデジタル人民元なのではないか。

ＣＩＰＳとデジタル人民元の２つが、中国が米国金融覇権に挑戦していくうえで２つの重要な柱となっていく。

人民元の通貨構成比は将来18％まで高まる計算も

ＩＭＦ（国際通貨基金）の推定では、２０２３年時点で米国の名目ＧＤＰは世界の25・7％を占めた。その米国の通貨ドルが、世界の中では事実上の基軸通貨となり、貿易その他の国際決済で支配的な役割を果たしているのが現状だ。

２０２４年6月時点では、世界の決済通貨でドルの構成比は47・1％である。経済規模（ＧＤＰ）では世界の25・7％を占める米国の通貨ドルが、外国為替市場では47・1％と、その1・83倍の構成比となっている。この倍率を、基軸通貨の影響力を示す係数と考えてみよう。

ところで、中国の一帯一路構想に参加している国の範囲は、中国商務部や外交部が示した資料では、２０１6年末時点で中国を除き64か国とされた。これは世界のＧＤＰの約21％であり、これに約17％（２０２3年、ＩＭＦ）の中国を加えると約39％となる。この経済圏の中で中国のＧＤＰの構成比は約44％であるが、右記の基軸通貨の影響力の係数１・83倍を掛けると、経済圏内での外国為替市場での人民元の構成比は約80％となる計算だ。さらに、世界全体の中での人民元の構成比を計算すると約31％となる。

一帯一路構想に参加している国の貿易決済など外国為替取引は、中国を含めてドル建てで行われている比率が現時点では相当高いと見られる。それが、右記のように経済圏内で約80％まで人民元建てに代わり、その結果、世界の外国為替市場での人民元の構成比が、２０２４年6月時点での４・６％から約31％へと約26％ポイント上昇する。その分ドルの利用が減るとすると、世界の外国為替市場でのドルの構成比47・１％は約21％まで低下する計算となる。

この計算のうえでは、世界の外国為替市場での人民元の構成比は、将来的にはドルと逆転することになる。実際に、このような大きな変化が起こるまでにはかなりの時間を要するだろうが、デジタル人民元が一帯一路構想参加国に広がることで、人民元の国際化が着実に進んでいけば、いずれはドルと人民元の勢力図にはそうした大きな変化が生じ得る。外国為替市場がそのように考える瞬間、大幅なドル安が生じ得るのではないか。これは世界経済や金融市場には大きな衝撃を与える。

〈注〉

1 "The Maddison Project; Maddison style estimates of the evolution of the world economy. A new 2020 update Maddison-Project Working Paper WP-15", Jutta Bolt and Jan Luiten van Zanden, October 2020 (https://www.rug.nl/ggdc/historicaldevelopment/maddison/publications/wp15.pdf)

第2章

日本銀行の金融政策正常化

第1節

異次元緩和との決別に動いた日本銀行

2016年導入のマイナス金利政策を解除

2024年3月19日に日本銀行は、およそ8年続いたマイナス金利政策をついに解除し、17年ぶりに利上げ（政策金利の引き上げ）に動いた（第1章第1節・第4節）。

日本銀行は、「政策金利」と位置付ける金利を、日銀当座預金の中の政策金利残高への付利金利から、2016年にマイナス金利政策を導入する前の無担保コールレート翌日物の誘導目標へと戻したうえで、その水準を従来のマイナス0・1～0%程度から0～プラス0・1%程度へと0・1%ポイント程度引き上げたのである。

政策修正の主なポイントは他にも2点ある。

第2は、長期金利に目標を持つYCC（イールドカーブ・コントロール）の廃止だ。植田総裁のもとで前年の2023年に実施した2回の柔軟化措置によって、YCCは既に形骸化していた。そのYCCの廃止を正式に決めた一方、これまでと概ね同程度となる月額6兆円程度の金額で、長期国債の買い入れを継続することとした。これには、ＹＣＣの廃止を受けて長期金利が大きく変動してしまうことを避ける狙いがあった。さらに、長期金利が急激に上昇する場合には、機動的に買い入れ額の増額や指値オペ、共通担保資金供給オペなどを実施する、とした。

第3は、ＥＴＦ（指数連動型上場投資信託）などの買い入れ終了だ。ＥＴＦ、Ｊ-ＲＥＩＴ（不動産投資信託）については、新規の買い入れを終了した。また、ＣＰ（コマーシャル・ペーパー）等及び社債等については、買い入れ額を段階的に減額し、1年後を目途に買い入れを終了することを決めた。しかし、足もとでは既に、ＥＴＦ、Ｊ-ＲＥＩＴの買い入れはほぼ停止していたことから、これは現状追認の決定に過ぎないと言える。

政策変更はもっと早くに実施すべきだった

日本銀行は、「2％の物価安定目標が見通せるようになった」としてマイナス金利政策の解除に踏み切った。さらに、経済環境が改善したことから「大規模な金融緩和は、その役割を果たした」と説明した。

しかし実際のところは、物価と賃金が上振れたことで、日本銀行が主に副作用の軽減を狙った政策修正を実施できる環境が整った、ということが本当のところなのではないか。新型コロナウイルス問題、ウクライナ問題をきっかけに生じた世界的な物価高騰という日本経済には強い逆風が、日本銀行にとっては政策修正を助ける神風になったとも言えるだろう。

ただし、過去数年間、物価上昇が上振れる中で日本銀行が政策修正を見送ってきたことで、個人のインフレ期待がかなり上振れてしまった。それが足もとの消費抑制に繋がっている面がある。それは、２０２４年の春闘での予想外に高い賃上げのもとでもしばらく続くだろう。

日本銀行のこの政策変更は歓迎したいが、もっと早く、世界的な物価高騰が始まった2021年あるいは2022年に政策修正に大きく踏み出していれば、その後の円安進行は抑えられ、個人の物価高懸念もこれほど高まらなかったのではないか（第1章第1節・第3節）。

短期金利の操作を主たる政策手段に

前述の2024年3月の金融政策決定会合の後に日本銀行が公表した資料（「金融政策の枠組みの見直し」）や、総裁の記者会見で強調されたのは、「短期金利の操作を主たる政策手段」とする点だ。

しかし実際には、短期金利の操作以外の政策もなお多く残された。日本銀行は国債の買い入れは当面は続けるとした。またETFの買い入れの停止を決めたものの、その保有は続ける。また、YCCの廃止を決めても、長期金利の大幅上昇を回避するために、オペを機動的に活用する方針も変わらない。大きな政策修正を行ったように見えるが、マイナス金利政策の解除以外は、政策の枠組みは大きくは変わっていない。

このように、「大規模な金融緩和は、その役割を果たした」と説明しつつも、異例の金融緩和を一気に撤回、解消することはしていない。それでも、「短期金利の操作を主たる政策手段」と宣言したのは、「非伝統的な金融政策を、短期金利の操作に基づく伝統的金融政策に戻していく」との考えを強く表しているのだろう。

これは、過去10年間で拡大し、複雑化してしまった非伝統的な金融政策を整理し、短期金利の操作に基づく伝統的金融政策に戻していくことが歴史的使命である、という植田総裁の考えに基づくものなのではないか（本章第2節）。

2％の物価目標は本当に達成が見通せたのか

日本銀行は2％の物価安定目標の実現が見通せるようになった、として今回の政策修正を実施した。しかし、2％の物価安定目標の実現が見通せるようになった、とは本当のところでは言えないのではないか。また日本銀行も、本音ではそこまで自信を持っていないのではないだろうか。

植田総裁は、「基調的な物価上昇率はまだ2％に達していない」としている。さらに、「予想物価上昇率も2％に達していない」とした。実際の物価環境が期待の影響を強く受けることを踏まえると、予想物価上昇率が2％に達することは、将来、基調的な物価上昇率が2％に達する、つまり2％の物価目標達成の必要条件と言えるだろう。しかしそれは十分条件ではない。

予想物価上昇率がまだ2％に達していないのであれば、将来、基調的な物価上昇率が2％となり、2％の物価目標が達成されることもまだ明確には見通せていないということになる。この点から、2％の物価安定目標の実現が見通せるようになった、との今回の日本銀行の判断とそれに基づいた政策修正は、「見切り発車」と言えるだろう。

ただし、見切り発車であるとしても、物価と賃金が一時的にせよ大きく上振れているこの時期を好機と捉え、相応の副作用を持つ異例の金融緩和を修正し、副作用の軽減を図りたい、と日本銀行は強く考えたのではないか。

他方、「2％の物価安定目標の実現が見通せるようになった」と日本銀行が宣言したことで、中立と考えられる2％を超える水準にまで政策金利が迅速に引き上げられるとの、金融市場の観測が強まる可能性があった。それは、急速な円高進行など、金融市場の不安定化をもたらす。そのため、日本銀行は、「当面、緩和的な金融環境が継続する」とし、先行きの利上げのペースはかなり緩やかになると強調した。これが、予想外の円安を生じさせるきっかけともなったのである（第1章第1節・第4節）。

日本銀行は、マイナス金利政策は解除し、ＹＣＣの撤廃を決めたが、この先には、国債保有残高の削減やＥＴＦのオフバランス化など、難易度の高い正常化策はまだ多く残されている。さらに、市場との対話を通じて、正常化の過程で金融市場の安定を維持できるかどうかについても、なお多くの不確実性が残されている。マイナス金利政策を解除し、正常化開始にようやく漕ぎつけたものの、なお前途は多難である。

本格的な利上げの始まり

２０２４年7月31日の金融政策決定会合で日本銀行は、追加利上げと国債買い入れ減額計画を同時に決定した。国債買い入れ減額計画の発表は、前回6月の会合で既に決めていたことだが、追加利上げの実施については、直前になってその観測が俄かに強まっていた。

日本銀行は、無担保コールレートの誘導目標である政策金利を０・25％程度に引き上げた。3月のマイナス金利政策解除では、住宅ローンの変動型金利などに影響を与える短期プライムレートは主要銀行で引き上げられなかった。今回の利上げでは短期プライムレートは引き上げられ、住宅ローンの変動型金利や企業向け貸出金利が上昇する。今回の利上げが本格的な利上げの始まりとも言えるだろう。

従来の０〜０・1％という政策金利のレンジは特定水準へと修正された。この先は、０・25％刻みで利上げする可能性が高いと見られる。

追加利上げに円安けん制の狙い：今回は「悪い円安」を強調

2024年3月のマイナス金利政策解除以降、予想に反して進んだ円安によって、追加利上げ時期が早められた可能性が考えられる（第1章第1節・第4節）。国債買い入れ減額計画と同時に追加利上げを決めた背景には、円安修正に向けた強い姿勢を示す狙いもあったのではないか。そうした日本銀行による円安修正の姿勢は、政府の要請にも沿ったものとも考えられる。

追加利上げの背景として日本銀行は、経済・物価が見通しに概ね沿って推移し、また賃上げの動きに広がりがあること、輸入物価が再び上昇に転じており、先行き物価が上振れするリスクを挙げた。

後者については、円安による物価高が個人消費を損ねることも含め、円安の弊害を指摘したものと考えられ、円安による輸入物価上昇が、賃金上昇を通じて持続的な物価上昇に繋がり、2％の物価目標達成を助けるという「良い円安」という従来の説明を、日本銀行は封じた形だ。

4月の会合では「良い円安」の説明が、「日本銀行が円安を容認している」との見方から円安を加速させてしまった（第1章第1節）。これを受けて、政府は日本銀行を強く批判したと報じられた。7月の会合では、この点に配慮して、日本銀行は、「良い円安」という説明を封じて「悪い円安」の説明を前面に打ち出したように見える。

政策金利はさらに引き上げられる方向

実際の物価上昇率のトレンドは、2％の物価目標達成に向けて着実に高まっているという状況ではなく、輸入物価上昇ペース鈍化の影響から、食料・エネルギーを除く基調的な物価は既に前年比で2％を下回り、さらに低下方向に向かうと見られる。2％の物価目標達成は依然、見えていないのである。

ただし、2％の物価目標達成は難しいとしても、現在の政策金利の水準はなお低いことから、日本銀行は環境が許せば今後も、追加利上げを粛々と続けていく可能性は高いだろう。

現時点では、2％の物価目標が日本銀行の追加利上げの制約になることはないが、将来的にはそれは起こり得るだろう。物価上昇率が2％に達しないとの見方が強まれば、日本銀行に対して一転して金融緩和の圧力が外部からかかる可能性も生じ得る。

日本銀行の金融政策が物価目標によって過度に縛られることがないよう、日本銀行は早期に、2％の物価目標を中長期に達成を目指すソフトな目標にするなど柔軟化することが求められるのではないか。

国債買い入れ減額は柔軟な枠組みで予想に沿ったもの

他方、国債買い入れ減額計画については、月間の長期国債の買い入れ予定額を原則として毎四半期4000億円程度ずつ減額し、2026年1～3月に3兆円程度にするとした。さらに中間評価を2025年6月に行い、必要となれば計画を修正する。同時に２０２６年4月以降の減額方針も検討し、その結果を示す。

一方、前述したように、長期金利が急激に上昇する場合には、毎月の長期国債買い入れ予定額にかかわらず、買い入れ増額、指値オペ、共通担保資金供給オペなどを実施して、長期金利の上昇を抑える。また、必要に応じて、決定会合で減額計画を見直すこともあり得る、とした。

２０２６年１～3月に3兆円程度となるまでの段階的な国債買い入れ減額計画は、概ね事前予想通りと言えた。さらに、計画は想定以上に柔軟な枠組みとなっており、国債買い入れ減額についての市場の不安を和らげるものだ。国債市場には概ね中立的な内容となったのではないか。

ゾーンごとの国債買い入れ額の方針は示されなかったが、これは今後随時検討していくことになるだろう。日本銀行としては、償還見合いで迅速な保有国債の削減ができるように、つまり円滑な正常化ができるように、長期ゾーンの減額幅を大きめにし、保有国債の平均残存期間の短期化を図りたいのではないか。政府が発行する国債の短期化が行われれば、それは日本銀行の保有国債の平均残存期間の短期化を助けることになる。

第2節

非伝統的金融政策の源流を探る

非伝統的金融政策が世界に広がった契機は金融危機

日本銀行は、2024年3月にマイナス金利政策の解除に踏み切った（第1章第1節・第4節、本章第1節）。これは、日本銀行が2013年に導入した異例の金融緩和を本格的に修正することにとどまらず、過去四半世紀も続いた非伝統的金融政策を見直す起点となるものだ。実際、日本銀行は、短期金利を主たる政策手段とすることを宣言したが、これは伝統的な金融政策に回帰することを意味している。

2008年に発生したリーマンショック（グローバル金融危機）という未曽有の事態を受けて、主要中央銀行は、従来用いられてきた伝統的な（プラスの領域での）短期政策金利の操作とは異なるという意味で、非伝統的金融政策と総称される手法を、まさに雪崩を打ったように導入していったのである。

その具体的な枠組みは、大量の国債買い入れ、その他リスク資産の買い入れ、フォワードガイダンス（短期政策金利の先行きの見通しや方針を示すこと）、マイナス金利政策、日本のYCC（イールドカーブ・コントロール：長期金利操作）へと順次拡大されていった。

海外の文献では、以上のように紹介されることが一般的だが、実際には非伝統的金融政策は、①1999年から2000年にかけて日本で実施された「ゼロ金利政策」とゼロ金利制約のもとでの「時間軸効果政策」、②2001年から2006年に日本で実施された「量的緩和策」の2つがその先駆である。

日本で始まった非伝統的金融政策は、1980年代のバブル経済の発生、不動産価格高騰への政策対応の失敗、バブル崩壊後の金融不安の発生のもとで採用された日本独自の特殊な政策であると、長い間海外では解釈されてきた。しかしリーマンショック後は、こうした非伝統的金融政策がまさに主要各国で標準（スタンダード）となっていったのである。

短期金利のゼロ制約が原動力に

日本、米国、欧州を中心に、主要中央銀行が非伝統的金融政策の導入を強いられていくきっかけとなったのは、伝統的な金融政策手段である短期政策金利の水準がゼロ近傍にまで低下し、もはや追加的な引き下げの余地が限られてしまったことだ。こうした事態は、リーマンショックの発生後に一気に表面化したが、底流には、主要国に共通して見られる、自然利子率（経済あるいは需給ギャップに対して中立的な実質金利の水準）の低下傾向とインフレ率の低下傾向があった。

このうち、日本ではインフレ率の低下あるいはマイナス化、つまりデフレが主に意識されたのに対して、米国では、米国元財務長官ローレンス・サマーズの現代版「長期停滞論」に代表されるように、潜在成長率に関連するとみなされる自然利子率の低下傾向がより強く意識されたのである。

しかし両者は、本来別々の事象ではないと考えるべきだろう。例えば、先行きの成長期待の低下が企業の賃上げ姿勢を慎重にし、それがインフレ期待の低下、あるいは実際のインフレ率の低下に繋がるような経路を考えれば、潜在成長率の低下がインフレ率の低下をもたらすという因果関係があるとも理解できる。

非伝統的金融政策は当初期待したほどの効果を上げなかった

以上のような経緯で、各国に広まっていった非伝統的金融政策であるが、その効果と副作用について、十分な検討と検証が中央銀行の間でなされてきたかどうかについては、疑問な面がある。

短期的で緊急避難的措置として始められた非伝統的金融政策が、どの国においても予想外に長期化してしまい、まさに非伝統的ではない当たり前の標準的政策になってしまったのである。

さらに非伝統的金融政策の効果が、果たして副作用を上回っていたのかどうか、今後も引き続き慎重な検証作業を続けていくことが重要だろう。効果と副作用のバランスは、時間の経過とともに悪化していった可能性が高いように思われる。

効果と副作用の比較衡量に基づいて金融政策を判断していくということは、まさに定石ではあるが、とりわけ、非伝統的な政策の場合には、これはかなり困難な作業となる。伝統的金融政策のように長い経験と知見が蓄積された政策手段ではないことから、その効果とともに副作用についても、より不確実性が高いためだ。

さらに、副作用については、そもそもどのような種類のものがあるのかについてさえも、未知の部分が多いと言えるだろう。また、伝統的な金融政策と比較して、中央銀行のバランスシート拡大など、その正常化に非常に長い時間を要する手段も含まれるため、副作用についても非常に長期の観点からの判断が要求され、その分不確実性が高いと言える。

各主要中央銀行が果敢に非伝統的金融政策手段を導入した際に、十分な検証がなされないまま、他の中央銀行に倣って、半ば安易に政策を実施してきた、という側面がなかっただろうか。

さらに、他の中央銀行が導入した政策手段を採用する場合には、当該国（地域）との経済、金融環境の差異について、事前に十分な検討がなされるべきであるが、果たしてそうであったのかについても、十分な検証が必要であろう。

将来の本格的な景気後退や金融危機に対して金融政策が十分に対応できるかどうかについて大きな不安が残る中、それらが実際に生じる前に、非伝統的金融政策に関するこのような点を十分にレビューしておくことが、各中央銀行に求められる。

検証がないまま非伝統的金融政策に追い込まれた日本銀行

以下では、日本銀行が非伝統的金融政策の実施に追い込まれた経緯を見ていこう。

１９８０年代末から１９９０年代初めのバブル経済崩壊後、日本経済の低迷が続き、また不良債権問題などを背景に銀行貸出が伸びない状況となる中、日銀券の増発や日銀当座預金の拡大などマネーの供給を増加させる「量的緩和策」に踏み切るべき、との声は政府、国会、学者、市場の間で高まっていった。「量的緩和策」は、政策金利を調整する伝統的な金融政策ではなく、中央銀行によるマネーの供給の増減が物価上昇率や実質成長率の変化をもたらす、というマネタリスト的な考えに基づいている。

しかし日本銀行は、「量的緩和策」の経済効果は検証されたものでなく、そうした政策に踏み切るのはリスクが高い、と考えていた。金融政策の効果は、あくまでも金利の変化を通じて波及するものだとの考えが強かったのである。そのもとで、「ゼロ金利政策」や長めの市中金利の低下とイールドカーブのフラット化を促す「時間軸効果」の政策の実施に踏み切っていった。これは、副作用にも配慮した、伝統的な金融政策の延長にある慎重な非伝統的金融政策手法だったと言える。

それでも、経済情勢は改善せず、量的緩和策など異例の金融緩和策を実施すべきとの声は急速に高まっていったのである。それに抗うことができずに、日本銀行は２００１年に量的緩和の実施を決めた。しかし、経済・物価情勢の顕著な改善に繋がることはなかった。それは、量的緩和の効果がかなり不確実であることを実証することになったのである。

それにもかかわらず、２００８年のリーマンショック後の経済の悪化、物価の下落、急速な円高を受けて、日本銀行に対して極端な金融緩和を実施すべきとの外部の声はさらに高まっていった。

政権交代で一気に追い込まれていった日本銀行

２０１２年12月に自民党が衆院選挙に圧勝し民主党から政権を奪回した時点で、政府から日本銀行に対する圧力は、一種のクライマックスを迎えることになった。安倍首相は総選挙の翌日にさっそく、「日銀は、選挙結果を受けて適切な判断を」と発言し、12月19・20日の金融政策決定会合で日本銀行に事実上の回答を出すように強く迫った。抵抗を続ければ、日本銀行法の改正によって総裁の解任権が新たに盛り込まれる等、日本銀行の独立性が一段と制限される恐れを日本銀行は感じただろう。

12月の金融政策決定会合では、「資産買入等の基金」の増額など、金融緩和の強化措置が実施され、さらに決定会合後の記者会見で日本銀行総裁は、「自民党の安倍総裁からの物価目標に関する検討の要請をふまえ、次回1月の会合で検討し、結論を出したい」と述べた。これについて、「先進国の中央銀行総裁や議長が、記者会見という公の場で、政治の要請で金融政策を左右されたということを明言するのは、おそらく歴史上はじめてのことであろう」との指摘も聞かれた。

とどめを刺すように、日本銀行が「裏切らない」ように、安倍首相は2012年12月23日の民放のテレビ番組で、「『次の（日銀の金融政策決定）会合で、残念ながら物価目標の設定が見送られれば、日銀法を改正して、アコード（政策協定）を結んでインフレ・ターゲットを推進する』という趣旨の発言をした」とされる。その後、日本銀行は2013年1月21・22日の金融政策決定会合で、長年抵抗を続けた2％の物価安定目標の導入を決めたのである。

2013年3月及び4月に任期を迎える日本銀行総裁、副総裁の人選に関して安倍首相は、「私と同じ考え方を有し、デフレ脱却に強い意志と能力を持った方にお願いしたい」との意向を改めて表明した。その方針に沿って、緩和積極派の総裁・副総裁が指名され、2013年4月には異例の金融緩和である「量的・質的金融緩和（QQE）」が始められたのである。

新体制のもとで、金融政策を巡る政府と日本銀行との関係は、それ以前と比べて劇的に良好なものへと改善したが、それは一方で国民の間に、日本銀行の政策が政府の意向を強く反映するなど、日本銀行の独立性低下への懸念を生むことにもなった。

「量的・質的金融緩和」とは何だったのか

２００１年から２００６年にかけて実施された量的緩和には目立った効果は見られなかったが、「これは日本銀行の運営方法が悪かったせいであり、これを修正したうえで、再度、量的緩和を実施すべき」との声は、リーマンショック後に高まっていた。量的緩和の修正案とは、正式に物価目標を導入しそれを達成する強い意志を示すことを量的緩和と合わせて実施する、もっと長い満期の長期国債を買い入れる、国債とリスク資産の買い入れ額を大幅に増やす、日銀当座預金でなくマネタリーベース（日銀当座預金と現金発行額の合計）を目標とする、などである。そうした修正案をまとめて実施する形となったのが、この量的・質的金融緩和だ。

量的・質的金融緩和では、①マネタリーベースが年間約60～70兆円に相当するペースで増加するよう金融市場調節を行うこと、②長期国債の保有残高が年間約50兆円に相当するペースで増加するよう買い入れを行うこと、③その買い入れの平均残存期間を従来の3年弱から7年程度に延長すること、④ＥＴＦ及びＪ－ＲＥＩＴの保有残高が、それぞれ年間約1兆円、年間約３００億円に相当するペースで増加するよう買い入れること、などが決められた。

さらに、金融市場調節の操作目標は、無担保コールレート・翌日物の誘導目標から、マネタリーベースという、日本銀行の負債の量に再び修正された。量的緩和の効果に懐疑的だった日本銀行が、再び量的緩和を復活させたのである。これは、同様に量的緩和の効果に懐疑的だった海外の中央銀行を大いに驚かせた。

その後、日本銀行は、２０１６年１月にマイナス金利政策を導入し、同年9月には10年国債利回りに目標値を設定し、イールドカーブ全体のコントロールを目指すＹＣＣを導入するなど、非伝統的金融政策をさらに拡大させていった。

しかし、そのような異例の金融政策を講じても、経済、物価に与える影響は明確には現れず、黒田総裁の長い10年の任期中に２％の物価目標は達成できなかった。２０２４年時点でさえ日本銀行は、２％物価目標はまだ達成していないとしている。

２０２４年11月現在、消費者物価上昇率は２％を上回る状態が続いているが、これは金融政策の直接的な効果によるものではなく、海外での食料・エネルギー価格の上昇、円安による一時的な現象と考えられる。量的・質的金融緩和が、当初期待された効果を発揮した結果とは考えられない。

金融市場を驚かせることを狙った「異次元緩和」

黒田総裁は就任直後に異例の積極緩和策の量的・質的金融緩和を行った。その後、２０１４年10月には緩和の強化を決め、前述のように２０１６年1月にはマイナス金利政策を伴う「マイナス金利操作付き量的・質的金融緩和」、同年9月に「長短金利操作付き量的・質的金融緩和」を導入した。これらが、黒田体制のもとでの大きな金融緩和策である。

量的・質的金融緩和の導入の際に日本銀行は、マネタリーベース及び長期国債・ＥＴＦの保有額を2年間で2倍に拡大、長期国債買い入れの平均残存期間を2倍以上に延長するなど、「2倍」を強調する演出をし、「量・質ともに次元の違う金融緩和を行う」と説明した。そのため、これらの政策は「異次元緩和」「黒田バズーカ」とも呼ばれたのである。緩和の強化は「黒田バズーカ2」、マイナス金利操作付き量的・質的金融緩和は「黒田バズーカ3」とも呼ばれた。

しかし物価上昇率が高まらない中、次第に政策効果に対する懐疑的な見方が広がっていった。さらに、金融市場の悪い反応を招くなど、マイナス金利政策導入で躓き、政策の手詰まり感がかなり強まる中、黒田バズーカという言葉は聞かれなくなっていった。市場を驚かせることを狙うサプライズ政策は、そもそも金融政策の王道ではない。

第3節

2％の物価目標は達成可能か

植田体制も2％の物価目標は堅持

日本銀行は２０２４年3月にマイナス金利政策を解除するとともに、金融政策の主たる手段を伝統的な政策手段である短期金利とした。10年間続いた黒田体制のもとでの政策を大きく転換したのである。

しかし、黒田体制のもとで堅持されてきた2％の物価目標については、植田体制もそれを引き継いだ。新型コロナウイルス問題、ウクライナ問題を契機に、世界的に食料・エネルギー価格の上昇が顕著となり、それに円安の影響が加わることで、日本でも物価の高騰が生じた。植田体制が始まる1年前の２０２２年4月には、コアＣＰＩ（消費者物価、除く生鮮食品）は前年同月比でプラス２％を上回り始め、植田体制が始まった２０２３年４月には前年同月比プラス３・４％に達していた。

植田総裁は、消費者物価上昇率が持続的に2％程度で安定させることを目指す2％の物価目標はまだ達成されていないが、それが見通せるようになったとして、２０２４年3月に金融政策の正常化に着手した。実際の物価上昇率が2%を超える状態が1年続いたことで、国民の間で2%物価目標達成への期待が高まったことが、植田体制が2%物価目標を修正しなかった背景にあるだろう。

また、仮に2%の物価目標を修正すれば、それは前体制を否定することにもなる。できる限り日本銀行の金融政策の連続性を維持したかったのかもしれない。そして、2%の物価目標は、2013年1月の金融政策決定会合で日本銀行が自ら掲げたものであるが、実際には政府からの強い圧力のもとで作られたと言えるだろう（第1章第2節）。その決定会合では、政府と日本銀行の共同声明が打ち出され、日本銀行は、2%の物価目標達成を事実上約束させられる形となった。

そのため、2%の物価目標の修正は、政府との間に事前の調整が必要なものとの認識が広がり、修正に向けたハードルがかなり上がってしまったことも、2%の物価目標維持を決めた背景にあるだろう。

2%の物価目標達成は実際には難しい

しかし、植田総裁は総裁就任前にはこの2%の物価目標について、「高い目標にこだわらず、無理せず柔軟に」と、目標の修正を日本銀行に呼びかけていた。植田総裁は、本音のところでは、今でも2%の物価目標の達成は難しいと考えているのかもしれない。

現在の2%を超える高い物価上昇率は、くり返すが、輸入物価上昇による一時的な現象であると考えられる。日本銀行は、輸入物価上昇による消費者物価上昇率の上振れは一時的ではあるが（第1の力）、賃金の上昇をもたらし、それがサービス価格に転嫁されることで、賃金上昇を伴う持続的な物価上昇、いわゆる賃金と物価の好循環が

図表２－１　基調的な消費者物価上昇率の推移

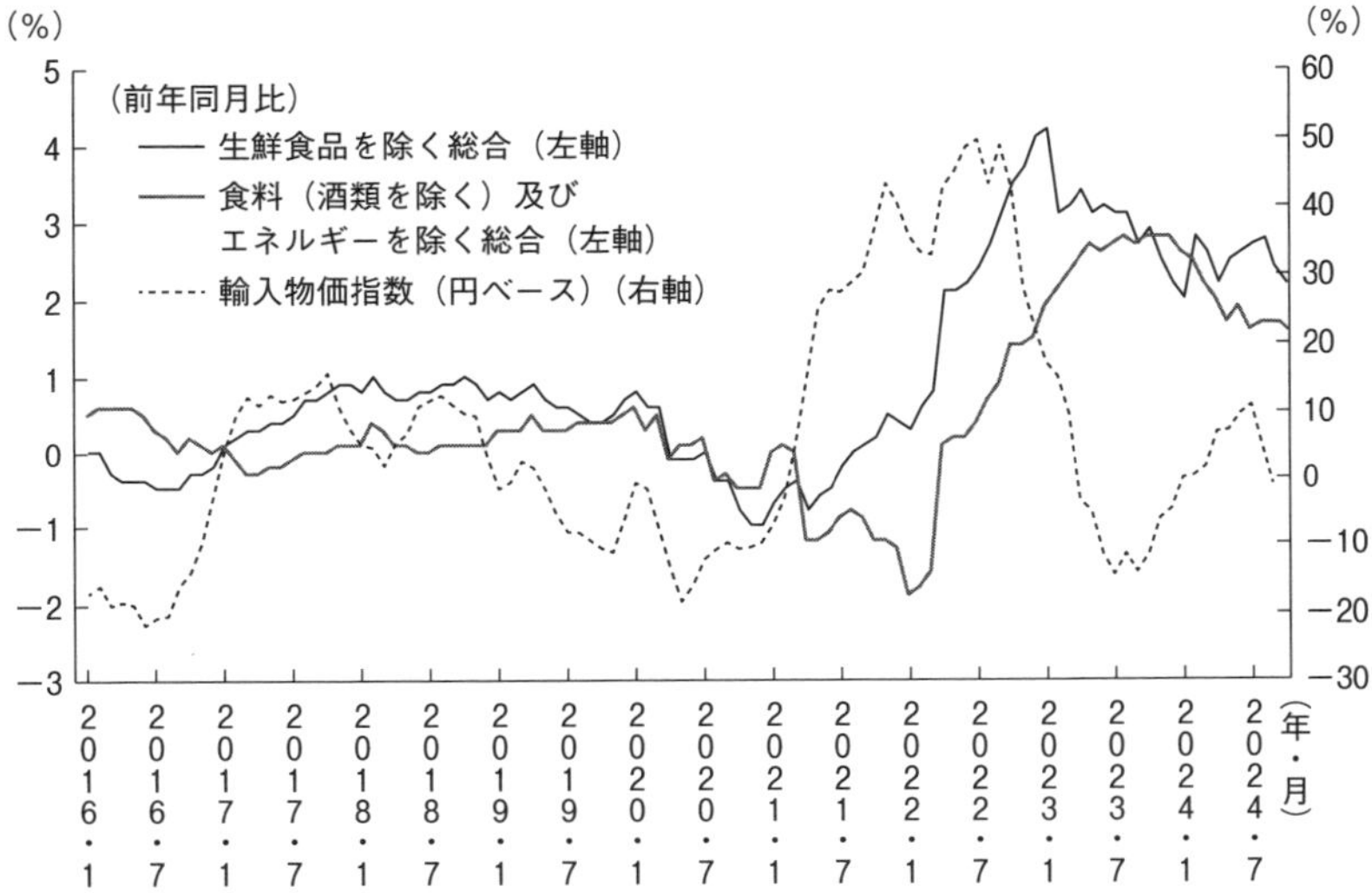

（出所）　総務省より野村総合研究所作成

生じ（第2の力）、それが2％の物価目標達成に繋がる、と説明している。

しかし、輸入物価の上昇は日本経済にとっては逆風でしかない。それが、賃金と物価の好循環をもたらし2％の物価目標達成に繋がる、というのは、「災い転じて福となす」的な発想であり、根拠を欠く過度な楽観論のように思える。

実際のところ、円安に後押しされた輸入物価の上昇は、個人の先行きの物価高懸念を煽り、個人消費を下振れさせている。個人消費が弱いもとでは、企業が持続的に原材料コスト上昇分や賃金上昇分を製品に価格転嫁していくのは難しいだろう。その結果、輸入物価の上昇が一巡すれば、物価上昇率や物価上昇見通し（インフレ期待）は次第に低下していく可能性が高いと考えられる。

日本では、基調的な消費者物価上昇率としては、生鮮食品を除く消費者物価が注目されている。しかし、多くの国では振れの大きい食料とエネルギー価格を除く消費者物価をコアＣＰＩとして、消費者物価の基調的な動きを判断するうえで重視する。生鮮食品を除く消費者物価では、円安の影響も大きく受け、変動の激しいエネルギーも含まれてしまう。

そこで、他国のコアＣＰＩに近い消費者物価指数（食料（酒類を除く）及びエネルギーを除く総合）の前年同月比を見ると、足もとでは２％を下回っており、緩やかな低下傾向にある（図表２－１）。輸入物価高騰によって国内での物価上昇率が広い品目で上振れる傾向は一巡してきている。

急速な円安傾向が一巡する中、その傾向はこの先さらに明確になっていくだろう。２％程度で消費者物価上昇率が安定する、２％の物価目標の達成は見えていない。

物価目標に縛られ政策の自由度を失う日本銀行

日本銀行は２％の物価目標に縛られ、効果が明確でない一方で副作用がある異例の金融緩和を10年以上にわたって続けたと考えられる。２０２４年３月の金融政策正常化開始後も、２％の物価目標は維持したことから、先行きも日本銀行は、２％の物価目標達成に縛られ続け、柔軟な金融政策を運営できない恐れが残るのではないか。

この先、消費者物価上昇率が２％を下回り、２％の物価目標達成が遠のく場合には、再び金融緩和を行うことで、２％の物価目標達成を目指すよう、日本銀行は外部から強い圧力をかけられる可能性があるだろう。その場合でも、日本銀行はよほど経済、金融環境が悪化していない限り、追加緩和を行うことはないだろうが、正常化を停止することを強いられるのではないか。

このように、かなり高い水準で妥当とは言えない２％の物価目標を維持することで、日本銀行の金融政策は再び柔軟性を失ってしまう恐れがある。この点から、マイナス金利政策を解除する際に、2％の物価目標を比較的短期的に達成を目指す目標から、中長期で達成を目指すソフト・ターゲット（緩い目標）に修正すべきだった。また、この先できるだけ早期に物価目標の修正をすべきではないか。

世界に広がった中央銀行の物価目標政策（インフレ・ターゲティング）

以下では、物価目標を巡る内外の議論や歴史を振り返ってみたい。

世界の中央銀行の多くは、物価の安定を使命（マンデート）の一つとしている。さらに、目指すべき物価の安定の状態を具体的な数値で表現した「物価目標」を掲げる中央銀行が、１９９０年代以降に増えていった。日本銀行のケースとは逆に、上振れている物価上昇率を下げる効果を狙って、物価目標を新たに設定する中央銀行が大勢だった。

物価目標を設定し、その達成を目指す物価目標政策を導入することの利点の一つは、政府からの独立性を強化できることだ。中央銀行の金融政策は、常に政府から介入を受けるリスクに晒されている。景気情勢が悪化する局面では、政府は中央銀行に対して金融緩和を望むことが多い。それはしばしば、露骨な政治的圧力となり、中央銀行の独立性を損ねることになるのである。

しかし、中央銀行が客観的な数値目標である物価目標を掲げ、それを達成することを目指すことを対外的に明らかにしておけば、実際の物価上昇率が目標値を上回っていることを理由に、政府からの金融緩和要求を撥ねつけることができる。

さらに、物価目標を掲げることは、金融政策を判断するうえでの客観的な基準を示すことにもなり、それによって金融政策運営の透明性を高めることができる、という利点もある。

日本銀行の物価目標は政府の介入を助長する恐れ

日本銀行は、長らく物価目標政策の導入を外部から強く求められていた。多くの中央銀行が、上振れた物価上昇率を抑えていく局面で物価目標を導入したのに対して、日本銀行は、物価上昇率を押し上げる狙いで、その導入を求められたのである。

日本銀行が明確に物価目標を掲げ、それを何が何でも達成するという強い姿勢を見せることで、金融市場や企業、家計の物価上昇期待を高め、デフレのリスクを軽減できる、といった精神論のような主張も多くなされていた。さらに、日本銀行が明確な物価目標を掲げれば、政策が成功しているか失敗しているかが明らかになる。日本銀行にもっと政策の結果に責任を持たせるべきだ、と考える向きも、日本銀行の物価目標導入を支持したのである。

しかし日本銀行は、政策金利がゼロ近傍にまで下がる中、金融緩和政策のみで物価上昇率を大きく高めることは難しい、と考えていた。そうした中、日本銀行が明確な物価目標を掲げれば、それが達成されないことを理由に、政府からより極端な金融緩和の実施を求められることは目に見えていた。多くの中央銀行は、物価目標政策の導入は政府からの介入を回避することに役立つと考えたが、日本銀行の場合はそれとは全く逆に、政治介入のリスクをより高めることになることが分かっていた。だから、日本銀行は物価目標の導入に慎重な姿勢を続けたのである。

しかし、外部から強い圧力に押されて、結局、日本銀行は次第に物価目標の導入へと追い込まれていく。２００６年3月には、物価目標とは異なり、政策委員が中長期的に見て物価が安定していると理解する物価上昇率を示すものとして、「中長期的な物価安定の理解」が導入された。２０１２年2月には、日本銀行として中長期的に持続可能な物価の安定と整合的と判断する物価上昇率を示すものとして、「中長期的な物価安定の目途」が導入された。それは、消費者物価の前年比上昇率で2％以下のプラスの領域にあると判断しており、当面は1％を目途とすることとした。そして、２０１３年1月にはついに、2％の物価目標の導入に追い込まれていったのである。

2％の物価安定目標の導入は成長力強化の進展が前提

この物価目標は、政府と日本銀行の共同声明（通称アコード）のもとで日本銀行が金融政策のみで達成することを政府に約束したものとされるが、実際にはその解釈は正しくないだろう。

2％の「物価安定の目標」の導入を決めた際、日本銀行はこのように説明している。「日本銀行は、今後、日本経済の競争力と成長力の強化に向けた幅広い主体の取り組みの進展に伴い、持続可能な物価の安定と整合的な物価上昇率が高まっていくと認識している。現在の予想物価上昇率は長期にわたって形成されてきたものであり、今後、成長力の強化が進展していけば、現実の物価上昇率が徐々に高まり、そのもとで家計や企業の予想物価上昇率も上昇していくと考えられる」

分かりにくい表現だが、物価の安定と予想物価上昇率は、日本経済の競争力と成長力の影響を強く受ける。今後、政府・企業など幅広い主体の取り組みが進むことで競争力と成長力の強化がさらに進めば、物価の安定と整合的な物価上昇率、つまり日本銀行が目標とすべき物価上昇率の水準も高まっていくことが予想される、と説明しているのである。

つまり、現在の日本経済の実力では2％の目標はかなり高いものだが、政府や企業の取り組みが奏功していけば、将来のいずれかの時点では、２％の物価安定の目標が妥当なものとなり、このことを前提に、日本銀行は２％の物価安定の目標を導入した、との解釈ができる。

こうした点から、「2％の物価安定目標」を含む政府と日本銀行との共同声明は、日本銀行が、政府の政策などとは無関係に、金融政策のみで「２％の物価安定目標」を達成することを約束したものではないと理解すべきだろう。

中長期の予想物価上昇率、それに強く影響を受ける基調的な物価上昇率は、財・サービスの需給関係、労働市場の動向、現実の物価上昇率、中央銀行が掲げる物価目標の水準など、様々な要因によって決まると考えられる。しかしやや長い目で見ると、生産性上昇率や潜在成長率といった経済の構造的な要因、いわば「経済の実力」「経済の潜在力」によって決まると考えられる。そしてこれについては、金融政策で直接影響を与えることはできない。

ところが、２０１3年4月に新しい総裁、副総裁のもとで「量的・質的金融緩和」が実施されると、物価目標は「2年程度を念頭にできるだけ早期に達成」と時期も特定され、金融政策のみで達成を目指すものと曲解されていった。金融政策が直接影響を与えられない生産性上昇率や潜在成長率といった経済の構造的な要因で物価上昇率のトレンドが決まるとすれば、その達成時期を日本銀行が約束するのはそもそもおかしい話だろう。

量的・質的金融緩和のもとで、当初こそ、金融政策のみで2％の物価安定目標の早期達成は可能との強気の見方が日本銀行から示されていたが、ほどなくして達成の目途が全く立たなくなっていったのである。

第4節

日本銀行の政策が生み出した円安株高バブルと負の遺産

金融緩和が生んだ円安・株高の循環が逆回転か

2024年8月5日、日経平均株価は過去最大となる歴史的な下落幅を記録した。世界的な物価高騰を受けて、多くの国で中央銀行が大幅な金融引き締めを行う中、2%の物価目標達成にこだわる日本銀行は長らく物価高騰を容認した。他の中央銀行とは異なるこうした特殊な金融政策が、金融市場で大きな歪みを生じさせ、急速な円安と株価の大幅上昇を引き起こした可能性が考えられる。円高を伴う株価の急落は、こうした日本銀行の金融緩和がもたらした副作用の一端と考えられるのではないか。そして行き過ぎた円安株高バブル、いわゆる「円安株高バブル」の調整は、この先も繰り返される可能性もあるだろう。

繰り返して言うが、日本銀行が、もう少し早く正常化に着手していれば、ここまで「円安株高バブル」が大きくなることもなかった。これは、日本銀行の金融緩和がもたらした負の遺産の一つである。

異例の金融緩和が残した負の遺産

金融政策の正常化は既に始まっているとはいえ、10年以上に及んだ異例の緩和とその影響を完全に解消するにはまだ相当の時間を要するだろう。その間は、異例の金融緩和の潜在的な副作用は残り続ける。異例の金融緩和策は、始めるよりも終わらせることの方がずっと難しい。結局は、将来世代に大きなつけを残すことになってしまうのではないか。

短期決戦で始まったはずの日本銀行の異例の金融緩和策は、10年以上にわたって続けられた。この間、株式、為替など金融市場にはある程度の影響を与えた可能性はあるものの、本来の狙いであった経済、物価への政策効果は明らかではなかった。２０２１年以降の物価高は、世界的な物価高騰を背景にする輸入された物価高であり、その持続性は高くないだろう。少なくとも、日本銀行の金融政策が直接影響したものではない。

金融政策は金融市場の期待を動かすことはできても、企業や個人の期待を思うままに動かし、物価上昇率の予想を２％にまで引き上げて定着させることなどは到底できないだろう。それができると考えるのは、金融政策の効果を過信する、中央銀行のいわば思い上がりだ。

日本経済が抱える最大の問題は、経済の成長力、潜在力の低下だ。これを克服するには、政府の構造改革、成長戦略と企業や働き手の地道な努力しかない。ところが政府は、日本銀行が積極的な金融緩和を行えば、デフレは克服でき、生活はたちまち良くなる、と根拠に乏しい夢を国民に抱かせた。実際には、そんな簡単に、長らく続く日本経済の低迷を終わらせることなどできないのである。

そうした夢を国民に抱かせている間、痛みを伴う構造改革、成長戦略は十分には進められず、貴重な時間を浪費してしまった。それこそが、量的・質的金融緩和の最大の問題、副作用ではなかったか。

さらに、異例の金融緩和は財政規律を大きく緩めてしまった。政府は国債発行を増やすことで財政支出を拡大させてきた。日本銀行が異例の緩和を続ける中、金利上昇のリスクを警戒することなく、国債発行を伴う積極財政策を進めたのである。

しかし、そうした政策は一時的な需要創出効果しか発揮せず、多くの場合、経済の成長力、潜在力を高めない。むしろ将来世代の負担を増やすことで、将来の成長期待を押し下げるという副作用を生んだのではないか。

また、日本銀行による大量の国債買い入れやＥＴＦ（指数連動型上場投資信託）の買い入れなどは、流動性低下など金融市場の機能を低下させ、潜在的な価格変動を高めてしまった面がある。

それ以外にも、将来の株価下落や政策金利引き上げは、日本銀行の財務悪化に繋がり、日本銀行を債務超過に追い込むリスクもある。これも、異例の金融緩和が残した負の遺産である。日本銀行の財務悪化は、日本銀行が発行体である通貨の信認低下をもたらし、経済や金融市場を不安定化させるなどの問題を生じさせ得るだろう。

このように、日本銀行の異例の金融緩和は多くの負の遺産を生んでしまった。既に始められた正常化策は、そうした負の遺産を緩やかに解消させるだろうが、正常化が完了するまでに、経済、金融市場に悪影響をもたらす形で副作用が顕在化してしまうことはない、という保証はない。今後も、日本銀行の異例の金融緩和の負の遺産と、我々は長く向き合っていかねばならないのである。

第5節

今後の正常化と経済への影響

量的引き締め策（QT）の長期金利押し上げは限定的

2024年7月に、日本銀行は国債買い入れの減額計画を発表した（本章第1節）。それ以前は、長期国債の買い入れ額を月間6兆円程度としていたが、その後は買い入れ額を徐々に削減していき、2026年1～3月期には月間3兆円程度まで半減させる。

3月にマイナス金利政策が解除された時点で、日本銀行が保有する長期国債の償還額は月間6兆円程度だった。そのため、月間の買い入れ額を6兆円から削減していけば、新規の買い入れ額よりも償還額が上回り、日本銀行が保有する長期国債の残高が削減されていく。つまり量的引き締め策（QT）が実施されることになるのである。2026年1～3月期には日本銀行が保有する長期国債の残高は、減額開始前と比べて7～8％削減される。

日本銀行が保有する長期国債の残高が削減され、量的引き締め策が実施されると、長期国債はどの程度上昇するだろうか。日本銀行は、今までの国債買い入れによって長期金利は1％程度押し下げられたと説明している。この先、国債残高が7～8％削減される場合、その長期金利押し上げ効果は1％の7～8％、つまり0・07～0・08％と0・1％にも満たない計算となる。

国債市場は、日本銀行が方針を示していない2026年1～3月期以降の国債残高削減も予想して、その影響を一定程度価格に反映すると見られるが、それでも、長期金利押し上げ効果は僅かであり、経済への打撃をそれほど心配する必要はないだろう。

2013年に日本銀行が「量的・質的金融緩和（QQE）」で大量の国債買い入れを始めたが、長期金利は目立って下がらなかった。その政策を始めた時には、既に長期金利が下がる余地は残されていなかったのである。日本銀行は、国債買い入れによって長期金利は1％程度押し下げられたと説明しているが、実際にはもっと小さいだろう。

日本銀行が量的・質的金融緩和を始め、銀行から国債を買い入れるのと交換にマネーを供給したが、金利の水準が十分に低いと、マネーを供給しても金利が下がらず、経済効果も出ない状況に既にあったのではないか。いわゆる「流動性の罠」である。そのため、今度は逆に国債買い入れを減額してマネーを減らしても、金利はあまり上がらないと思われる。

日本銀行による大量の国債買い入れは、国債市場の流動性を低下させるなど市場機能を低下させ、また、政府が金利の上昇を警戒せずに、安易に国債発行の拡大を通じた財政拡張策を講じるという財政規律の低下をもたらしてきた。さらに、政策金利（付利金利）の引き上げに伴い、日本銀行の収益を大きく悪化させるという副作用を生じさせる。

このように多くの副作用を生じさせ得る日本銀行の長期国債の大量買い入れと大量保有を転換させることは、金融市場や経済の安定の観点から望ましいことだ。

ところで、長期金利の今後の行方に大きく影響するのは、この量的引き締め策ではなく、短期金利がどこまで引き上げられるかではないか。

短期金利の到達点（ターミナルレート）

短期金利が経済に対して中立的となる水準は、自然利子率と呼ばれる経済に中立的な実質短期金利の水準と、インフレ率の中長期トレンドの水準との合計で決まると考えられる。自然利子率の水準を正確に計測するのは難しいが、日本銀行が提示している複数の推計結果が示しているのは、プラス0・5％程度〜マイナス1・0％程度だ。そこで、それを小幅なマイナスと考えてみよう。

そのもとで、物価上昇率の中長期のトレンドが2％の物価目標と一致するのであれば、短期金利の中立水準、そして引き上げの到着点（ターミナルレート）は2％弱の水準となる。

しかし実際には、足もとの物価の上振れは海外市況の上昇や円安による一時的な輸入物価上昇の影響によるところが大きい。基調的なＣＰＩ上昇率を見ると明確に低下してきており、前年同月比で2％を下回っている（本章第3節）。最終的にはせいぜい1％程度の水準に落ち着くと予想する。

この場合、短期金利の到着点は1％弱となり、10年国債利回りの落ち着きどころは1％程度と現状から大きく変わらないことになる。

日本銀行が短期金利の引き上げと国債買い入れの減額を同時に断行しても、短期金利の引き上げ幅は比較的小さく、長期金利は現在の水準と大きく変わらないのではないか。そうであれば、それらが経済に与える影響は大きくはならないはずだ。

追加利上げは日本経済に打撃を与えない

現時点では、日本銀行は2025年前半に1回、年半ばに1回、それぞれ0・25%幅での追加利上げを行い、その水準は0・75%で当面のピークに達すると予想する。その間、国債保有残高の削減は粛々と進められていくだろう。

既に見たように、正常化の過程での長短金利の上昇幅は比較的限られ、その結果、正常化策が直接、日本経済に大きな打撃となる可能性は高くないだろう。実際、10年以上続けられた異例の金融緩和が、名目及び実質長短金利の低下などを通じて日本の経済、物価に与えた影響は明確ではない。長期間低迷を続ける日本経済は、将来の成長期待が高まらない限り、多少金利が低下しても需要が高まらない状況に陥ったのではないか。つまり、金利感応度がかなり低下してしまった可能性が考えられる。そのため、逆に長短金利が小幅に上昇しても、それだけで経済が大きな打撃を受ける訳ではないのではないか。

追加利上げのもとで緩やかに円高は進む

しかし、異例の金融緩和は、円安株高傾向を中心に、金融市場、資産市場には相応の影響を与えてきた。そのため、僅かな金利上昇でも、金融市場には逆風となり、それは円高株安を後押しすることが予想される。緩やかな円安であれば、むしろ物価上昇懸念を緩和させ、個人消費にプラスの影響を与えるだろうが、急速な円高株安となれば、消費も含めて日本経済に打撃となるだろう（第1章第3節）。

従って日本銀行は、金融市場の安定に十分に配慮しながら、先行き、慎重に金融政策の正常化を進めていくと見込まれる。国内金利上昇以外にも、米国経済の悪化とＦＲＢ（米連邦準備制度理事会）の本格的な利下げも、日本の円高株安傾向を増幅させるだろう。

円高株安傾向が強まれば、日本銀行の追加利上げなど正常化のスピードは低下する可能性が高まる。またその結果、経済、金融市場が大きく動揺するならば、日本銀行は追加利上げを停止せざるを得なくなるだろう。

他方、日本銀行には政策金利を引き下げる余地はほとんどない。銀行の収益を悪化させるなどの問題を生じさせたマイナス金利政策を日本銀行が再び導入することは、仮に経済・金融危機が生じたとしても考えられないところだ。

仮に、そうした緊急事態に直面すれば、日本銀行は長期国債買い入れ減額計画を一時的に停止し、長期国債の買い入れを増額するのではないか。それでも、長期金利への影響は限られ、金融緩和効果は期待できないだろう。そうしたポーズに過ぎない追加緩和しか日本銀行は実施できないのである。経済・金融危機という大きなショックに対して、日本銀行の対応の余地がほとんどないことは、日本経済にとって大きな弱点だ。

日本銀行は、多くの副作用を軽減させる観点からもっと早く金利の正常化に着手すべきだった。そうしていれば、円高株安のリスクを高めている、行き過ぎた円安株高を生じさせることもなかっただろう。また経済・金融危機が生じた際に、本格的に政策金利を引き下げる余地を確保できていたはずだ。

第3章

暗号資産（仮想通貨）の将来

第1節

ビットコインの隆盛は続くか

コロナ禍後にビットコインの価格は大きく上下

各種暗号資産（仮想通貨）の中で圧倒的に大きな時価総額を持つビットコインは、過去に何度も強い逆風に見舞われ、そのたびに価格が大幅に下落した。それでもビットコインへの投資熱は冷めることはなく、株式、債券など通常の金融商品と並ぶ投資対象としての地位を次第に固めつつあるようにも見える。

ビットコインの価格の近年の動きを振り返ると、上昇傾向が非常に顕著であったのが２０２０年であり、年間の価格上昇率は３０３％程度、つまり4倍にもなった（CoinLoreによる）。これは、２０２０年初めに広がった新型コロナウイルス問題と関係している。

感染を回避するために巣ごもりを強いられた米国の若者らが、自宅でスマートフォンのアプリケーションを通じて株式投資を始めたが、同時にビットコインなど暗号資産投資も始めたのである。また、新型コロナウイルス問題を受けた米国などでの大幅な金融緩和も、ビットコインの強い追い風となった。金利が低下して、金融資産投資全体の収益性が低下すると、ボラティリティ（価格変動率）が高い一方、価格上昇の期待を集める暗号資産への投資が促された。

しかし、2022年に入ると、ビットコインを取り巻く環境は一気に暗転する。2022年5月には、法定通貨との間の価値を安定させたステーブルコイン「テラUSD」の価格が暴落した。さらに、11月には暗号資産取引所大手のFTXが、暗号資産業界で最大規模の経営破綻となった（本章第4節）。これらの事件は、暗号資産取引所の信頼性を大きく損ね、また投資家に暗号資産投資のリスクを広く認識させることになった。

また、米国では2022年2月に大幅な金融引き締めが始まり、これも暗号資産に対する強い逆風となったのである。ビットコインの年間価格上昇率は、2021年のプラス60％程度から2022年にはマイナス64％程度へと大きく下落に転じた。

米国でビットコイン現物ETFの取引開始

ところが2023年秋以降、ビットコインに再び強い追い風が吹いた。ビットコインの価格は、2024年前半だけでプラス61％程度も上昇した。

1ビットコインは2021年に過去最高の6万ドル台に乗った後、2023年年初には1万ドル台まで低下していたが、2024年3月には7万ドル台と、過去最高水準を更新した。その回復の原動力となったのは、米国でのビットコイン現物ETF（指数連動型上場投資信託）の取引開始だ。

SEC（米国証券取引委員会）は2024年1月10日に、ビットコインを運用対象とする現物ETF11本を承認した。これを受けて翌11日には、ニューヨーク証券取引所、ナスダック、CboeBZX（シカゴオプション取引所）の3主要市場で、取引が始められた。初日の売買高は46億ドル（6700億円）、2日目は31億ドル、合計で77億ドル（約1・1兆円）と、活発な取引となった。

2021年に米ETF大手プロシェアーズが初のビットコイン先物ETFを立ち上げた際には、上場後2日間での売買高は合計で10億ドルに達したが、現物ETFの売買高はそれを大幅に上回るペースで始まった。

ちなみに日本では、現時点で海外のビットコイン現物ETFを購入することはできない。日本の投資家は、日本の証券会社を通じて海外の各種ETFを売買することはできるが、今のところビットコイン現物ETFは対象となっていない。日本の証券会社が海外ETFを取り扱う際には、運用会社から金融庁に申請する必要がある。海外のビットコイン現物ETFの取り扱いを日本の証券会社に認めるかどうかについては、今後、金融庁が検討することになるだろう。今のところは慎重な姿勢だ。

ビットコイン取引の信頼性が高まる

これまで投資家は、現物のビットコインを、暗号資産交換業者（取引所）を通じて売買してきたが、2022年5月の「テラUSD」の暴落や、2022年11月の暗号資産交換業者大手FTXの破綻は、暗号資産交換業者の信頼性を大きく損ねることとなってしまった。FTXは顧客資産の分別管理が不十分であったため、同社の破綻とともに顧客が資産を失うことになってしまったのである。

しかしビットコイン現物ETFであれば、投資家はSECの監督下にある証券会社の証券口座を通じて、株式など同じように売買することができる。仮に証券会社が破綻することがあっても、投資家の資産は保護される。ビットコイン現物ＥＴＦの上場によって、米国では個人投資家がビットコインの取引を始めるハードルはかなり下がることになるだろう。

前項で述べたように、ビットコイン先物ＥＴＦの取引は、米国で２０２１年に始められていたが、先物ＥＴＦには「購入コストが高い」という問題があった。ビットコイン先物ＥＴＦでは、ＥＴＦが投資対象とするビットコイン先物は毎月失効していくため、その都度、翌限月の先物を購入しなければならない。ところが、ビットコインの価格先高観を反映して、ビットコイン先物の価格は期先物が期近物よりもかなり高い、いわゆる強い「コンタンゴ（順ザヤ）」の状態にある。そこで、先物ＥＴＦを買い替えるたびに期近よりも価格が高い期先の先物を買うことになるため、買い入れコストが上昇し、それが投資のパフォーマンスを下げてしまう。

ビットコイン現物ＥＴＦの投資には、こうした問題はない。このため、現物ＥＴＦの上場は、米国の個人投資家の資金を集め、ビットコイン市場にとって追い風となるだろう。さらにビットコイン現物ＥＴＦでは、激しい手数料引き下げ競争が始まっており、これも投資を促す要因となっている。

ビットコイン市場に3つの追い風

ビットコイン市場には、現在３つの追い風が吹いている。

第１は、今まで見てきた現物ＥＴＦの上場だ。第２は、米国で継続的な利下げ（政策金利の引き下げ）が視野に入ってきたことだ。

2022年から始まった米国の大幅利上げ（政策金利の引き上げ）は、ビットコインなど暗号資産市場には強い逆風となった。その本源的な価値が不明確であることからボラティリティが高く、また、利払いや配当などのキャッシュフローを生まない暗号資産は、金利が上昇し、国債など安全資産での運用利回りが高まる局面では、選好されにくくなる。

しかし、米国での利上げは終了し、2024年9月には4年半ぶりの利下げが行われ、今後も継続的な利下げの実施が予想される。これによって、暗号資産市場に資金が戻りやすくなる。そのタイミングと、ビットコイン現物ETF承認が重なったことは、暗号資産市場にとっては強い追い風となる可能性があるだろう。

そして第3の追い風となったのは、ビットコインの半減期だ。ビットコインの取引では、分散型台帳の一つであるブロックチェーン上での一定期間ごとの取引記録をまとめたブロックが生成される。取引の正当性の認証作業が行われることで取引が成立するが、その報酬として新たにビットコインが発行される。この過程は「マイニング（採掘）」と呼ばれる。

ビットコインの発行量は2100万枚が上限と開始当初から定められており、ブロック数が累計で21万個に達したときに新規発行数を半減させる、いわゆる半減期となる設計になっている。これには、ビットコインの供給に制限を設けることで、価値の安定を図る狙いがある。

これまでの半減期は、2012年11月、2016年7月、2020年5月の3回あり、概ね4年に一回の頻度で生じていた。そして2024年4月に、4回目の半減期が訪れたのである。

それが需給の改善期待を通じて、ビットコインの価格を押し上げたと見られる。過去3回の半減期では、その翌年にかけて大きな価格上昇が見られていた。

米国を地球上の暗号資産の首都、ビットコイン超大国に

このようなビットコインの3つの強い追い風は、3月には概ね市場で消化された。ビットコインの価格は3月に史上最高値の7万ドル台に乗せたが、その後は頭打ちとなっている。そうしたビットコインの大きな注目材料となっているのは、将来の政府の政策だ。

2024年11月の米国大統領選挙で返り咲くことになった共和党のトランプ氏は、暗号資産の支援を公約に謳っていた。同年7月27日に開催された「ビットコイン2024」カンファレンスで演説を行い、大統領選挙で再選されれば、米国を「地球上の暗号資産の首都、ビットコイン超大国」にすると豪語した。また、暗号資産の規制に前向きなゲリー・ゲンスラーSEC委員長を氏の大統領就任の日に解任すること、暗号資産業界についての大統領諮問委員会の設置、ステーブルコインの枠組み創設を約束した。

しかし、2019年にトランプ氏は、ビットコインとその他の暗号資産について、金銭ではなく価値が不安定で、規制がなければ麻薬取引など違法活動に利用される恐れがある、と否定的な見方を示していた。また2021年には、「ビットコインは詐欺だ」と述べ、特に米ドルと競争しなければならない点が、自身が嫌う理由だとしていた。

そんなトランプ氏が突然、暗号資産の信奉者に変わったのは、大統領選挙に有利になるという読みがあったからだ。暗号資産を支持することは、若者の評価を高めることに繋がるだろう。さらに、暗号資産業界から選挙資金を集める狙いもある。トランプ氏はこれまでに、ビットコインやイーサリアムなどの暗号資産で400万ドル（約6

億1500万円）以上の大統領選支援金を受け取ったという。

このように、選挙戦略の色彩が強いトランプ氏の暗号資産支持ではあったが、暗号資産の価格を一定程度動かす影響力を持ったのである。

このことは、政治的要素も、ビットコイン市場に大きな影響を与えることを改めて裏付けることになった。この点から、暗号資産を巡る新政権の政策姿勢は、2025年のビットコイン市場の大きな注目点の一つとなるだろう。

第2節

暗号資産の源流を探る

ビットコインの誕生

２００８年10月に、サトシ・ナカモトと名乗る人物が、分散型元帳技術（ＤＬＴ）の一つであるブロックチェーン技術を用いた暗号資産（仮想通貨）ビットコインの論文をインターネット上に発表したことが、ビットコインの始まりだ。

２００９年10月には、New Liberty Standardというサイトで、ビットコインと法定通貨の交換レートが初めて提示された。この時の価格は1ドル＝１３０９・03ＢＴＣ（ビットコイン）だった。日本円に直すと1ＢＴＣ＝約０・07円だ。これは、ビットコインの採掘に必要な電気料金から計算して提示された価格であった。

その翌年の２０１０年5月には、フロリダ州に住むあるプログラマーがピザ2枚を1万ＢＴＣで購入した。この時のビットコインの価値は、１ＢＴＣ＝約０・２円だった。ビットコインを用いた初めての決済と言われる有名な出来事だ。仮にその時点で、１ビットコインを０・２円で購入していれば、その価値は現在５０００万倍以上になっている計算だ。

さらに、2010年7月には世界初となるビットコイン取引所「Mt.Gox（マウントゴックス）」がサービスを開始した。マウントゴックスは東京都の取引所で、2013年には世界全体のビットコインの取引量の7割を占めたと言われ、世界最大の取引量を誇っていた。

しかし2014年にはマウントゴックスに預けられていたビットコイン470億円分が外部に流出するという「マウントゴックス事件」が起きてしまった。

通貨主権を取り戻す

ビットコインは、伝統的な法定通貨とは異なり、政府や中央銀行などの権力に支配されない、新しいタイプの自由な通貨として生み出された。

通常、我々が使う現金は、ATMなどから引き出すのが一般的だが、それは民間銀行が、中央銀行に預けている中央銀行当座預金（中銀当座預金）を取り崩すことで得られるものだ。中央銀行は、民間銀行に対する貸出や国債買い入れなどのオペレーションを通じて、中銀当座預金の量をコントロールし、流通する現金の量を間接的にコントロールすることが可能、と一般に考えられている。さらに、現金の量をコントロールすることを通じて、中央銀行は通貨の価値、つまり物価をコントロールすることができるとも考えられている。

ただし、中央銀行による裁量的な金融政策や、政府による為替政策などが、通貨価値の変動を大きくし、その結果、国民生活が物価の変動によって不安定になってしまうという弊害も生じ得る。

そこで、通貨のコントロール、通貨価値のコントロールを政府、中央銀行の手から奪い、国民が通貨主権を取り戻す、との考えに基づいて生み出されたのが、ビットコインなど暗号資産と言えるだろう。さらに、高い送金手数料などで民間銀行に奪われているお金を取り戻す、との発想もある。

ビットコインは、前述の「マイニング（採掘）」によるインセンティブこそが、取引を成立させている。また、本章第1節で見たように、このマイニングで得られる新たなビットコインの量は概ね4年ごとに半減していく（半減期）。このように、発行量を自動で調整することによって、ビットコインの価値の安定が図られている。

ビットコインによる決済は普及しなかった

しかしビットコインの誕生時に思い描かれたように、ビットコインが法定通貨にとって代わり、様々な取引（買い物）に広く利用されることはなかったのである。

ビットコインなどの暗号資産は、本来は、代金の支払い、送金などの決済手段として使う目的で生み出されたものだったが、決済手段としての利用はごく僅かであり、大半は投資目的、投機目的で取引されているのが現状だ。

決済手段としての暗号資産が普及しない一因は、処理スピードが遅いことにある。ビットコインは、〝通貨〟としての安全性を担保し信頼性を高めるために、ブロックチェーンと呼ばれる分散型元帳技術を採用している。多くの取引記録は10分ごとに一つのブロックとして認証され、パッケージ化されて公開される仕組みだ。

ビットコインは、商店などでの取引が完結するまでに時間がかかることに加え、取引所で円などの法定通貨に交換するのにも時間を要する。そのため小売などの事業者がビットコインを代金として受け取ると、法定通貨に交換するまでの間にビットコインの価格が下落して、損害を被る危険がある。そのため、代金をビットコインで受け取ることに慎重な事業者は多いだろう。

分散型元帳技術は安全性の確保のためには優れた仕組みだが、それが決済手段としてビットコインを用いるには決定的な欠点となってしまったのである。

また、ビットコインの激しい価格変動も、決済手段としてのビットコインの利用拡大の大きな障害となっている。ボラティリティが高いのは、暗号資産の価値が明確でないことがその底流にあると思われる。この点は、本章第3節で改めて考える。

法定通貨の高い信頼性も暗号資産決済が普及しない遠因となっている。円やドルなど長い歴史を持つ法定通貨は既に広く利用されており、多くの人々はその安全性に疑いを持っていない。加えて中央銀行が、既に信頼が確立している現金の発行・流通を一層拡大させる際には、追加的なコストはほとんど不要だ。

これに対し、生まれて間もない暗号資産が信頼を勝ち得て、その利用を拡大させていくためには、かなりのコストを要するのである。

暗号資産が決済手段としての法定通貨にとって代わるのは難しい

信頼性の低い暗号資産が、決済手段として信頼性の高い法定通貨にとって代わるには、利便性などの面で相当大きな利点があることなどが必須だが、決済手段としてのビットコインの利便性は高いとは言えない。さらに、人々は既に幅広く流通している法定通貨を使うことに、これといった不便は感じていない。そうした状況が続く限り、暗号資産が決済手段として法定通貨を広範囲に代替することはないだろう。

暗号資産が決済手段として普及する可能性があるのは、例えば自国通貨への信認が極めて低い国だ。インフレ率が非常に高く、自国通貨の価値が急速に目減りする危険性があるような国では、自国通貨よりも外貨であるドルの信認が高く、ドルが広く流通している発展途上国も少なくない。例えば、中南米で最も貧しい国の一つであるエルサルバドルは、ドルを法定通貨としていたが、２０２１年にはドルに加えてビットコインを第2の法定通貨とした。

物価変動が激しい国においては将来、暗号資産による決済が広がる可能性はある。ドルなどの外貨と異なり、仮想通貨であればスマホ決済が利用できるなど、よりメリットがあるからだ。

しかしそれは例外であり、多くの国では暗号資産が決済手段として普及する可能性は、将来にわたっても小さいだろう。

第3節

投資対象としての暗号資産とその本源的価値

低金利下で投資対象としての魅力が高まる

本章第2節で見た暗号通貨のボラティリティ（価格変動率）の高さは、決済手段としてのその利用拡大を阻む大きな障害となっている。しかしそれとはちょうど反対に、そのボラティリティの高さこそが、投資対象としての暗号資産（仮想通貨）の魅力を高めている面がある。そのため、現在は、暗号資産取引の大半を投資目的が占めている。

暗号資産を、株式などと同じように投資対象の金融資産と考えた場合、その最大の特徴は、やはりボラティリティの高さにある。株式や貴金属、不動産など投資対象となる資産の多くは、2008年のリーマンショック（グローバル金融危機）後に低金利と並行してボラティリティが低下傾向を辿った。その中で、暗号資産のボラティリティの高さは際立っていた。

ボラティリティが高いことは、投資リスクの高さを示すが、その一方で、キャピタルゲイン（売却益）を短期的に稼げる可能性があることも意味している。それが、ハイリスク・ハイリターンの投資スタイルを好む投資家にとっては、大きな魅力となったのである。

金融市場で暗号資産のボラティリティの高さが際立ってきた背景には、低金利の長期化があるだろう。2008年のリーマンショックを機に、先進国では潜在成長力が低下し、低インフレの長期化あるいはデフレもが懸念される事態に陥った。

さらに、2020年の新型コロナウイルス問題への対応として、各国で大幅な金融緩和がなされ、各国の金利は歴史的低水準にまで達した。そうした状況下では、国債の金利もゼロに近づき、国債投資からはほとんどインカムゲイン（利息収入）が得られない状況となった。

金融資産への投資では、通常、インカムゲインの他にキャピタルゲインも収益の源泉になる。しかし、超低金利の局面ではボラティリティが極端に低下し、キャピタルゲインを得るチャンスも失われてしまう。投資家はどちらの収入も得る機会を失い、いわば八方塞がりに陥ってしまったのである。

それでもハイリスク・ハイリターンを目指す投資家は、何としてでも短期的にキャピタルゲインを稼ごうと、ボラティリティの高い資産を探し始めた。そうした投資家の注目を集めたのが、ボラティリティの高さを特徴とする暗号資産だったのである。その結果、多くの投資家が市場に参入し、暗号資産の市場規模は急激に拡大していった。

価値の基準が明確でない暗号資産

暗号資産の価値の基準は、明確でないと考えられる。唯一考えられた価値は、通常の手段よりも安価に送金を行ていない。

うことができるという点だったが、ボラティリティの高さなどが障害となり、暗号資産は送金にもあまり利用されていない。

明確な価値の基準がないことこそが、暗号資産のボラティリティが高い最大の理由と思われる。通常の金融資産は、株式の配当や債券の利子など、保有資産が将来的に生み出すキャッシュフロー（お金の流れ）の割引現在価値で、理論的な価格が計算できる。一方、暗号資産はキャッシュフローを生まないために価格の理論値は不明であり、それが高いボラティリティを生んでいると解釈することができるだろう。

キャッシュフローを生まないという観点からは、暗号資産は円などの法定通貨に近いと言えるが、法定通貨は発行する中央銀行の債務であると考えられるのに対し、暗号資産は誰の債務でもなく、その価値の安定維持に責任を持つ機関は存在しない。その意味で、暗号資産は法定通貨と性格を異にした金融資産だ。

暗号資産は当初、仮想通貨と広く呼ばれていたが、決済にほぼ利用されない中、「通貨」という言葉で表現されるのは誤解を生む、との金融当局の考えから、暗号資産と呼ばれるようになったという経緯がある。

さらに、金利や為替レートは、経済成長率や物価上昇率、失業率などの経済ファンダメンタルズによって大きく変化するのに対して、暗号資産はマクロ経済要因の影響は必ずしも大きく受けていないように見える。その意味でも、通常の金融資産とは性質を異にしている。

暗号資産の価格に大きな影響を与えているのは、マクロ経済要因よりも、暗号資産に直接関わる事件や規制当局の政策などだ。この点については、本章第4節、第5節で詳しく見よう。

投資対象としての暗号資産はコモディティに近いともよく言われる。とりわけ、希少性の高い金（きん）と比較した議論が多く聞かれ、暗号資産はサイバー空間での金（きん）、という言い方もされているほどだ。

しかし、金（きん）の価格のボラティリティは、暗号資産のそれほど高くない。希少金属である金（きん）には供給量に限界がある一方、宝飾や工業用などで安定した需要があり、需要の予見可能性が比較的高いことが、ボラティリティが低い理由の一つだろう。

他方、暗号資産には決済に利用できるという価値はあるが、既に見たように実際に決済に利用されている取引の比率は低く、投資目的以外の実需は限定的だ。こうした違いを踏まえると、投資対象としての性格は金（きん）とも大きく異なると言える。

ビットコインの将来

現在のビットコインの価格は割高、との指摘に対して、先行きの技術革新による手数料の低下を織り込んでおり、この点を踏まえれば必ずしも割高とは言えない、との意見もある。しかしビットコインについては、取引を検証する「マイナー（採掘者）」に対するインセンティブを維持することが、こうした技術革新の効果を相殺してしまう可能性があるのではないか。それはどういうことか、以下で説明しよう。

本章第2節でも少し見たように、ビットコインが取引の安全性を担保するために採用しているブロックチェーンは分散型元帳技術（ＤＬＴ）の一つである。取引履歴を10分ごとにパッケージ化して一つのブロックとし、それを次々に追加していく仕組みだ。ブロックの生成には、そのブロックを特徴付ける数字「ノンス」を膨大な計算で算出することが必要で、これをプルーフ・オブ・ワーク（ＰｏＷ）と言う。このマイニング（採掘）で得られる報酬の水準から、計算のための設備投資、電気代などのマイニングに要する費用を除いた部分が、マイナー（採掘者）

のインセンティブになる。

ところが、ビットコインは総発行量の上限を2040年までに2100万枚と定め、21万ブロック採掘されるごとに報酬を半減するように設定されている。

ビットコインの価格が上昇を続けない限り、マイナーが得ることができるビットコインは減少していき、その分報酬は減り、マイナーのインセンティブは低下していくことになってしまう。これを補ってマイナーのインセンティブを維持するためには、技術革新を通じてマイニングのコストが削減されなければならないが、それが、マイナーのインセンティブを維持できるほどのスピードで達成できるかどうか、その不確実性は高いと思われる。

ビットコインなど暗号資産の本来的な価値は不明確である中、ここまで価格が上昇してきたことを踏まえると、この先、価格が大幅に下落する可能性も否定できないのではないか。他の暗号資産についても同じだろう。

もし、価格が暴落するようなことがあれば、投資対象としての暗号資産が魅力を失ってしまうだけでなく、その信頼性が損なわれ、決済手段としての利用が広がる可能性も奪われてしまうことになりかねない。

第４節

ＦＴＸ破綻と取引所の信頼性低下

錬金術的な経営手法が行き詰まる

暗号資産（仮想通貨）取引所大手のＦＴＸトレーディングは、２０２２年11月11日に、米連邦破産法11条（チャプター11）の適用を申請した。暗号資産業界で最大規模の経営破綻である。また、ＦＴＸの創業者でＣＥＯ（最高経営責任者）だったサム・バンクマン＝フリード氏は辞職した。これは、２０２２年春のステーブルコイン「テラＵＳＤ」の暴落と並んで、暗号資産ブームの終焉を象徴する事件になった。

ＦＴＸが連邦破産法11条の適用を申請したことに伴い、ジョン・Ｊ・レイ氏が新たにＣＥＯに就任した。２００１年に破綻した米エネルギー会社エンロンの処理を統括するなど、経験豊かな企業再建の専門家だ。

同氏が11月17日に裁判所に提出した資料では、「ＦＴＸでは資金流用や不適切な会計処理が横行しており、完全な企業統治不全に陥っていた」と報告された。またレイ氏は、「私のキャリアにおいて、これほどまでの企業統治の完全な失敗、信頼できる財務情報の欠如を見たことはない」と言い切ったのである。

レイ氏によれば、FTXの経営は「経験の浅い、極めて少数」の人々に委ねられており、FTXグループの多くの企業では、取締役会を一度も開いたことがなかったという。また確認された財務報告書のほとんどは、監査を受けていなかったようだ。さらに、顧客から預かった暗号資産を許可なく融資に回し、また、会社の資金を社員やアドバイザーらが住宅購入などに私的に流用していた、など不正疑惑も次々に露呈していった。

FTX破綻の背景には、暗号資産の取引業務にとどまらず、同社が発行した裏付け資産のないトークンFTTを、支払いや借り入れ担保などに利用しながら、暗号資産関連企業の買収などビジネスを拡大してきたこと、いわば錬金術的な経営手法を急展開させ、最終的に行き詰まったという側面もある。

財務についての情報開示が十分になされず、またビジネスを外部から監視するガバナンスが機能していなかったため、そうした実態が外部から認識されないままに、リスクが膨らんでしまったと見られる。

さらに、FTXからの資金の不正流出も起こった。米連邦破産法11条の適用申請後に、インターネットを通じた不正な引き出しが行われ、顧客の暗号資産が奪われたと見られる。FTXが顧客の口座（ウォレット）をインターネットから切り離さずに、ハッキングのリスクがあるホットウォレット上でずさんに管理していたことも明らかになったのである。

このようにFTXは、情報開示の欠如、ガバナンスの欠如、顧客資産の分別管理の欠如、顧客資産の流用、顧客資産のホットウォレットでの不適切管理など、過去に生じた暗号資産取引所の破綻や「テラUSD」暴落などの事件で露呈した暗号資産業界の問題点を、全て踏襲していた感がある。様々な事件を受けても、業界の浄化作用は十分に働かなかったのである。

比較的緩い規制導入の流れは頓挫へ

ＦＴＸの経営破綻をきっかけに、暗号資産に対する規制強化の議論が一気に高まった。２０２２年春に米バイデン大統領（当時）は、暗号資産に関する包括的な規制を視野に、各政府機関に対して、暗号資産・ブロックチェーンに関する問題点を洗い出すように命じた。これを受けて、暗号資産に関する規制強化の動きが高まったのである。

米国内で長らく続けられてきたのは、「暗号資産は商品か、（有価）証券か」という論争だ。そのどちらに分類されるかで、規制の姿が大きく変わってくる。商品ではなく証券と位置付けられ、証券関連法が適用される場合には、概してより厳しい規制となる。ゲリー・ゲンスラーＳＥＣ（米国証券取引委員会）委員長は、証券取引法に基づく厳しい規制を長らく主張してきた。そこには、暗号資産を巡る規制当局間の縄張り争いの様相もあったのである。

ＦＴＸの経営破綻が起こるまでは、議会では「暗号資産は商品」という考えのもとで、比較的緩い規制を導入する方向で議論が進んでいた。上院農業委員会でまとめた、超党派での暗号資産関連法案がそれだ。その背景には、暗号資産業界によるロビイスト活動の影響が大きかったと見られる。

「暗号資産は（有価）証券」との考えのもと、証券関連法が適用されれば、厳しい規制によって暗号資産業界の収益は大きく損なわれる恐れがあった。そこで、先手を打って比較的緩い暗号資産の規制の導入を、暗号資産業界は働きかけたのである。一定程度の規制の導入は、暗号資産業界の信頼性を高めることを通じてより多くの顧客を呼び込むことができ、むしろ利益の拡大に繋がる、という読みもあったのだろう。そうしたロビイスト活動を行った中心人物が、まさにＦＴＸの創業者のバンクマン＝フリード氏だった。

バンクマン＝フリード氏は、自らが作り出した、暗号資産業界にとって都合の良い規制導入の流れを、ＦＴＸの経営破綻によって自ら打ち砕いてしまった形だ。証券関連法が適用されるなど、より厳しい規制が導入される方向へと一気に流れは変わってしまった。

ＦＴＸの経営危機でビットコインはブーム前の水準まで下落

ＦＴＸの経営破綻は、同社だけの問題にとどまらず、暗号資産市場全体を大きく揺るがすきっかけとなった。ＦＴＸの経営破綻が暗号資産業界の信頼性を大きく損ねてしまったことに加え、この先、暗号資産全体に対して規制が一気に強化されていき、収益期待が大幅に下がるとの見方が、投資家の間に広がったためだ。

代表的な暗号資産であるビットコインの価格は、ＦＴＸ破綻直前の２０２２年11月７日から11月９日まで、僅か２日の間に約25％も下落し、２年前の２０２０年の11月頃の水準に達した。この時期は、暗号資産ブームが始まるまさに直前であり、その水準までビットコインの価格が下落したということは、暗号資産ブームの終焉を象徴的に示していたと考えられる（本章第1節）。

ＦＴＸは、顧客が預け入れた暗号資産に年率８％程度の高い利息を保証していた。しかし、ＦＴＸ破綻時点では、短期国債など安全な金融資産で年間５％近い収益が確実に得られる金利環境となっていた。そのため、暗号資産から金融資産へと資金の移動が起き始めた。

このような金融環境の大きな変化のもと、２０２２年5月の「テラＵＳＤ」の暴落やＦＴＸの破綻をきっかけとした暗号資産市場の信頼性低下と規制強化の懸念から、暗号資産ブームは一気に終焉を迎えることとなったと考えられる。

しかしながら、本章第1節で見たように、その後、暗号資産のブームはまた繰り返されることになった。暗号資産は不死鳥のように何度も蘇るのであった。

第5節 暗号資産の功罪とその将来

SECは暗号資産の問題点を強く指摘

ビットコインなど暗号資産（仮想通貨）の投資は、今後も規制の対象となり続けるだろう。2024年1月にビットコイン現物ETF（指数連動型上場投資信託）の上場を承認したSEC（米国証券取引委員会）は、実は、ビットコインなど暗号資産の問題点を強く指摘し警鐘を鳴らしている。

2024年1月10日に発表した声明文でゲリー・ゲンスラーSEC委員長は、「ビットコインは投機的で不安定な資産であり、コンピュータをウイルスに感染させて身代金を要求するランサムウェア、マネーロンダリング（資金洗浄）、制裁回避、テロ資金供与などの違法行為にも使用されている」「本日、特定の現物ビットコインETFの上場と取引を承認したが、ビットコインを承認または推奨した訳ではない。投資家は、ビットコインやその価値が暗号資産に関連付けられている商品に関連する無数のリスクについて引き続き注意する必要がある」と強く釘をさしたのだった。

ゲンスラーSEC委員長は、ビットコイン現物ETFの上場を本当は承認したくなかったが、「SECが承認しない理由を十分に説明することができていない」とする裁判所の判断を受けて、しぶしぶ承認したというのが実情だった。従ってこの先も、SECはビットコインの規制強化を進める可能性はある。ただし、それは米国の政治情勢に大きく左右されるだろう（本章第1節）。

また、消費者保護団体や投資家団体も、現物ETFを通じてビットコインに簡単に投資ができるようになると、相次ぐ不正と荒い値動きで知られる暗号資産に個人投資家が資金を移すのを促すことになる、と批判している。

2024年にはビットコイン市場に追い風が吹いたが、価値が不明確であるがゆえにボラティリティ（価格変動率）が非常に高い状況は変わらない。ETFとして取引所で他の金融商品と同様に売買ができるようになったビットコインだが、債券、株式あるいは商品などの通常の投資対象（アセットクラス）と同列に肩を並べるのは、依然として難しいのではないかと思われる。

また、決済手段としての機能の面に注目しても、ビットコインなど暗号資産には、既存の銀行送金と比べてコスト面での優位性はあるものの、犯罪に利用されやすく、ユーザにとっては安全性に不安がある、といった大きな課題が残されている。ビットコインなど暗号資産が担うべき社会的役割、社会的価値については、今後も問われ続けることになるだろう。

ステーブルコインの利用価値

ただし暗号資産の中でも、法定通貨との相対価値を安定させた設計であるステーブルコインについては、仮想空間の中で通貨として利用され続ける可能性はあるだろう。現実の世界で銀行送金に代わってステーブルコインが利用される場合には、それがマネーロンダリング（資金洗浄）などの問題を生じさせるとして、金融当局はそれを強く警戒する。ステーブルコインの「リブラ（Libra）」計画が、世界の金融当局などによって事実上潰されたのはその一例だ（第4章第4節）。

しかし、仮想空間のメタバースやブロックチェーン技術によってデジタル資産の取引などを行うNFTでは、ステーブルコインの利用は今後も続けられるだろう。それが、デジタル空間の中でのみ通貨として利用されるのであれば、実社会で深刻な問題を生じさせることはない。

ブロックチェーンの基盤上で自律的に動くプログラムが、金融機関などを介せずに実現する金融サービスであるDeFi（分散型金融）の世界でのみ、ステーブルコインを含む暗号資産が今後も通貨として利用され、さらに進化していく余地があるだろう。

第4章

CBDC（中央銀行デジタル通貨）の展望

第1節

世界に広がるＣＢＤＣ

ＣＢＤＣの中央銀行サーベイ調査

紙幣や硬貨ではなくデジタル形式の法定通貨であるＣＢＤＣ（中央銀行デジタル通貨：Central Bank Digital Currency）を発行する動きが、近年、世界で広がってきている。

カンボジア、バハマ、ナイジェリアといった新興国では、既にＣＢＤＣが発行されている。主要国の中ではまだ正式にＣＢＤＣを発行した国はないが、中国はかなり大規模な実証実験の段階にあり、正式発行の時期は近づいていると思われる。

先進国ではユーロ圏がＣＢＤＣの発行に最も前向きであり、近いうちに正式に発行を決めるだろう。日本においても、日本銀行が２０２１年４月からＣＢＤＣの実証実験を開始している。２０３０年代初頭にもＣＢＤＣが正式に発行されるのではないかと予想される。

中央銀行相互の決済を行い、また中央銀行の政策と国際協力を支援するなど、「中央銀行のための銀行」とも呼ばれる国際組織のＢＩＳ（国際決済銀行）は、各国中央銀行に対して、ＣＢＤＣへの取り組みや発行計画などを問うサーベイ調査を実施している。

２０２２年分の最新調査結果によると、何らかの形でＣＢＤＣに関連する業務（調査・研究を含む）に取り組んでいると回答した中央銀行は、２０１７年調査の65％、２０２０年の86％から、２０２２年には93％にまで高まっている（注1）。世界のほとんどの中央銀行が、ＣＢＤＣを既に発行しているか、具体的な発行計画があるか、あるいは調査・研究などを前向きに行っているのである。

ＣＢＤＣには、個人が買い物などで使う「リテールＣＢＤＣ」と企業間の決済に用いられる「ホールセールＣＢＤＣ」とがある。現状では前者の方が進んでおり、ほぼ4分の1に当たる世界の中央銀行は、リテールＣＢＤＣの実証実験を行っている。調査によると、２０３０年までには15のリテールＣＢＤＣと9のホールセールＣＢＤＣが正式に発行されると考えられる。

新興国の中央銀行の方がＣＢＤＣの発行により前向き

ＣＢＤＣ発行への取り組み姿勢は国によって異なっており、決して一様ではない。新興国の中央銀行の方が、ＣＢＤＣの発行に概して前向きだ。その大きな一つの理由は、新興国では、「銀行口座を持たない国民（unbanked）」が多い中、ＣＢＤＣの発行によって、国民が等しく利便性の高い金融サービスを受けられるようにし、「金融包摂（ファイナンシャル・インクルージョン）」を前進させることができる、との考えがより強いためだ。

ＢＩＳは、ＣＢＤＣを発行することの動機についても中央銀行に質問している。それによれば、ＣＢＤＣの発行を検討する際に、この金融包摂を重視する傾向は、新興国の中央銀行の方が先進国の中央銀行と比べて明らかに強い。

例えばバハマの場合には、39万人の全人口が30の島々に分散しており、国民が銀行の店舗やＡＴＭから現金を簡単には入手できない環境にある。また、銀行口座を持っていない国民も少なくない。そのもとでは、スマートフォンなどで簡単に利用できるデジタル通貨を中央銀行が発行することで、国民の利便性を高めることが可能となる。

さらに、金融政策の有効性を高めるとの回答割合も、新興国の中央銀行の方が高い。ＣＢＤＣにマイナス金利を付けることで、金融緩和の効果を高めることが可能、と考えられている面があるのではないか。

国際決済でのＣＢＤＣ利用を視野に

近年、世界の中央銀行は、リテールＣＢＤＣとは異なる目的で、ホールセールＣＢＤＣの発行を検討し始めている。金融包摂という要素は、リテールＣＢＤＣの発行を検討する際には重視されるが、ホールセールＣＢＤＣの場合にはその重要性は低い。

ホールセールＣＢＤＣの発行は、先進国、新興国ともに、将来的には国際決済での利用が念頭にある。その一例が、２０２２年のダンバープロジェクトと呼ばれるものだ。これは、オーストラリア、マレーシア、シンガポール、南アフリカのそれぞれ中央銀行とＢＩＳ（国際決済銀行）の共同プロジェクトで、複数のＣＢＤＣを共通のプラットフォームの上で交換することで、より安価、迅速、安全な「国境を超えた資金決済（cross-border payments)」を行うことの可能性を探るものだ。

現在の国際資金決済での大きな課題は、各国間での時差の影響や、決済に多くの仲介組織が関与することで、時間とコストがかかってしまうことだ。ホールセールCBDCを用いた国際決済が可能になれば、そうした問題がかなり軽減されるだろう。

CBDC発行に5つの狙い

今までの議論から明らかなように、中央銀行がCBDCを発行する目的、狙いは様々である。そこで、以下ではCBDC発行の主な目的、狙いを整理しておこう。

(1) 民間デジタル通貨への対抗

CBDC発行の目的の第1は、民間デジタル通貨への対抗である。主要中央銀行では、2014年頃からCBDC発行が議論され始めたが、そのきっかけとなったのは、暗号資産のビットコインだった。ビットコインが支払いで広く利用されるようになると、中央銀行の業務に支障をもたらす、マネーロンダリング（資金洗浄）など犯罪に利用される、などの問題点が中央銀行の間で意識された。それへの対抗としてCBDC発行が議論され始めたのである。

ところが、価格変動が激しいビットコインは、投機の対象とはなっても支払い手段としての利用は広がらないことが次第に明らかになっていった（第3章第2節）。その時点で、CBDC発行の議論はややトーンダウンした。

本章第4節に見るように、2019年6月にフェイスブック（現メタ）が主導するデジタル通貨「リブラ

（Libra）」の発行計画が出されると、中央銀行の危機感は再び高まった。このリブラが、グローバルに支払い手段として広く利用される設計となっていたためだ。

当初ビットコインについて懸念されていたように、リブラなど民間デジタル通貨が広く支払いに使われるようになると、中央銀行の収入を減らして業務に支障を生じさせる、金融政策の効果を低下させる、金融システムを不安定にさせる、マネーロンダリングなど犯罪に利用される、個人情報の流出のリスクがある、など様々な問題点が生じ得る。

CBDCでも同様な問題を生じさせてしまう可能性はあるが、それらの問題をよりコントロールすることができる。そこで、いわば「リブラ潰し」を狙って、CBDC発行が検討されるようになったのである。中国のデジタル人民元、ユーロ圏のデジタル・ユーロが、そうした狙いから発行が計画されているCBDCの代表格である。

(2) ドル覇権への挑戦

CBDC発行の目的の第2は、米ドル通貨覇権への挑戦だ。米国のドルは、国際決済通貨や準備通貨として圧倒的な影響力を持っている。さらに、国際間のドル建て銀行送金については、事実上米国が牛耳っており、米国はその送金情報を安全保障政策にも利用している。また、この仕組みを使って、米国はテロ指定国等に対して、金融制裁を実施することもできる。こうした米国の通貨・金融覇権に対する挑戦として、CBDCの発行が検討される面がある。

ドル通貨覇権への挑戦の代表格が中国のデジタル人民元だ（本章第5節）。中国にとっては、民間デジタル通貨への対抗よりも、こちらの狙いの方がより重要であろう。米国が牛耳る国際間のドル建て銀行送金システムとは別のシステムで利用されるデジタル人民元を、人民元の国際化の起爆剤とし、ドル通貨覇権に風穴を開ける戦略があるのではないか。

中国のデジタル人民元だけでなく、ユーロ圏のデジタル・ユーロ構想にも、ドル通貨覇権への挑戦、あるいは是正という狙いがある。米国のトランプ前政権が自らドル安の志向を強めた中、ドル一極体制がもたらす弊害はより強まった。ドルが大幅に下落するようなことになれば、ドル資産を大量に持つ世界の銀行に大きな打撃を与え、またドル表示で取引される原油やその他原材料の価格急騰を招き、消費者や企業の経済活動にも大きな悪影響が及んでしまう。

そこでユーロのプレゼンスを高めていくことで、ドル一極体制を変容させ、そのリスクを軽減する狙いも、デジタル・ユーロ構想にはあると考えられる。

(3) 技術覇権・標準争い

中国は、ブロックチェーン技術で世界をリードすることを、国家戦略に掲げている。その中核を成すのがデジタル人民元、と当初は位置付けられていたのではないか。

ただしその後、デジタル人民元には一部しかブロックチェーン技術を用いない形へと計画は修正された。それでもデジタル人民元の発行には、米国など先進国を意識した決済システム上の技術覇権の確立、という狙いがあるだろう。

他方、中国が主要国で初めてＣＢＤＣを発行すれば、その技術や設計が世界のＣＢＤＣの標準（スタンダード）となってしまうことを先進国は強く警戒している。その傾向が最も強いのが欧州だ。デジタル・ユーロ構想には、中国がＣＢＤＣの標準となることを防ぐという狙いもある。

(4) 金融包摂の促進

スウェーデンの中央銀行リクスバンクは、２０１６年からかなり具体的にＣＢＤＣ・e-Krona（イークローナ）の検討を進めてきた。中国のデジタル人民元構想が出るまでは、スウェーデンが主要国で初めてＣＢＤＣを発行する国になる、と多くの人は考えていたのである。

リクスバンクがＣＢＤＣの発行を検討し始めるきっかけとなったのは、国内での急速なキャッシュレスの進行だ。そのもとでは、銀行口座を持たない低所得者やスマホ決済を利用しない高齢者など、現金で支払いを行う一部の人々に支障が生じてしまう。この問題を回避するという狙いが、ＣＢＤＣの発行計画にはある。これは、多くの人が低コストで利便性の高い金融サービスを利用できるようにする、金融包摂を後押しするものだ。

また、２０２０年10月に発効されたカンボジアのＣＢＤＣの狙いの一つも、この金融包摂の促進にある。既に見たように、現時点では、先進国よりも新興国の方が、ＣＢＤＣの発行あるいは発行計画では先行しているが、それは、新興国では銀行口座を持たない国民が多いことから、ＣＢＤＣの発行を通じて金融包摂を促進する必要性が高いことが大きな理由の一つである。

後に詳述するが、銀行口座を持たない人もスマホで送金ができるようになるという社会的な意義を強くアピールしたのが、前述のフェイスブックのリブラ計画である。

(5) ユーザの利便性向上、キャッシュレス化の推進

現金ではなくスマホ決済などのデジタル通貨を利用することや、クレジットカードなどを含めたキャッシュレス化の推進は、ユーザの利便性を高めるとともに、経済効率を高めることに貢献する。

民間のデジタル通貨がユーザのニーズを十分に満たさない場合や、システム上の問題を含めて十分な信用力を持てない場合には、民間のデジタル通貨の利用はなかなか広まらない。

そこで、中央銀行が信用力の高いＣＢＤＣを発行することで、その利用を広げ、キャッシュレス化を進めることができるだろう。主要国の中で小口決済（支払い）でのキャッシュレス比率が突出して低い日本でＣＢＤＣの発行の是非を議論する際には、これが重要な論点となる（本章第６節）。

第2節

ＣＢＤＣの源流を探る

ＣＢＤＣとは何か

改めてＣＢＤＣ（中央銀行デジタル通貨）とは何かを考えてみよう。ＣＢＤＣは、政府がその効力を保証して中央銀行が発行する、信用力が極めて高い法定デジタル通貨のことだ。またそれは法定通貨建て、つまり日本では円建てで発行される。

同じデジタル通貨でも、暗号資産（仮想通貨）は円など法定通貨との交換レートが大きく変動するために決済手段としての利用は限られるが、ＣＢＤＣにはそのような問題はない。

またＱＲコード決済、交通系、電子マネーなど民間企業が発行するデジタル通貨は、その企業が破綻した場合には、デジタル通貨がその価値を失ってしまうこともある。しかし、中央銀行が破綻することは考えられない。そのため、ＣＢＤＣは民間デジタル通貨とほぼ同じようにスマートフォン決済などで使われるとしても、それらと比べて格段に高い信用力を持ったデジタル通貨と言える。

信用力の極めて高いＣＢＤＣが発行されることで、キャッシュレス化が一気に進むようになることも日本などでは考えられるところだ。

世界初のＣＢＤＣはウルグアイ

２０１７年11月、南米の小国ウルグアイの中央銀行が世界で初めてとなるＣＢＤＣ「ｅペソ」の発行を発表し、世界を驚かせた。それ以前には、ＣＢＤＣ発行の議論はスウェーデン中央銀行のリクスバンクが主導し、発行の是非を検討する具体的なスケジュールも公表していた。ロシア、中国などの主要国もＣＢＤＣ発行の検討を公表していた。

このように大国が議論をリードしてきた中で、南米の小国が突如世界に先駆けてＣＢＤＣの発行を決定し、一躍、競争の先頭に立ったのである。

ウルグアイのＣＢＤＣは、国営通信会社ＡＮＴＥＬの携帯電話利用者1万人を対象に発行され、保有者は個人間の決済（ｐ２ｐ）や商店での買い物の支払いなどに使えた。スマホや携帯電話に専用アプリケーションをダウンロードして、国営決済会社Red PagosのＣＢＤＣ口座にＣＢＤＣをチャージすれば、利用できるようになる。

ウルグアイのＣＢＤＣは、期限付きの試験的なプロジェクトであり、本格的な発行ではなかったが、それでも、世界最初のＣＢＤＣ発行であったことは間違いない。そしてそれは、その後の世界のＣＢＤＣ発行計画にも、大きな影響を与えることになったのである。

ビットコインの誕生がCBDC議論のきっかけに

主要国の中央銀行がCBDCの研究を本格的に始めるきっかけとなったのは、ビットコインの登場だった。ブロックチェーン技術に基づくこの暗号資産が支払い手段に広く利用され、国境を超えて流通するようになれば、マネーロンダリング（資金洗浄）などの犯罪に使われる恐れが出てくる。また、それが各国の現金や銀行預金にとって代わることで、金融政策、金融システムに悪影響を与えることを各国中央銀行は警戒し始めた。そこで、ビットコインを迎え撃つという狙いで、CBDCの発行を検討し始めたのである（本章第1節）。

一時期までは、他の中央銀行から抜きん出ていたのが、スウェーデンの中央銀行（リクスバンク）によるCBDC・e-Krona（イークローナ）構想だった。2016年に中央銀行は同構想を正式に表明し、2017年にはその導入に向けた3段階の工程表を公表していた。

ただし他の主要国とはやや異なり、そこでの議論は、ビットコインへの対抗というよりも、国内で急速に減少する現金利用への対応、という側面が強かったのである。その時点でスウェーデンは、ノーキャッシュ（現金お断り）の看板を掲げる店も少なくないほど、キャッシュレスが既に社会に浸透していた。スウェーデンは、1661年に「世界で初めて国に承認された紙幣を中央銀行が発行した国」とされるが、それが、「世界で初めて現金が消滅する国」とも言われるようになったのである。

スウェーデンでの現金発行額は対GDP比でわずか1・3％（2018年）と、日本の約20％と比べて格段に小さかった。比率がここまで低下した背景には、現金利用に伴う脱税の抑制、現金発行や輸送に関わるコストの削減、銀行強盗など犯罪の抑制などの狙いから、政府、中央銀行、民間銀行の3者が協力してキャッシュレスを強力に進めていったことがある。

そして、現金に代わって個人の支払い手段を担っていったのが、大手民間銀行が関与するスウィッシュ（Swish）と呼ばれる携帯電話での決済システムだ。

しかし、店舗での支払いでキャッシュレスが進み、コスト削減のために銀行がATMを次々に撤去していくと、ITに不慣れで現金しか利用しない高齢者などからは、強い不満が出るようになったのである。そこで中央銀行は、スウィッシュよりも使いやすいモバイル決済手段を、自ら開発することを計画し始めた。それが、イークローナ構想だ。

リブラ計画の発表で状況が一変

価格の変動が激しいビットコインなどの暗号資産は、投資対象にはなっても支払い手段として広くは使われにくい。この点が次第に明らかになると、ビットコインは中央銀行にとっての大きな脅威ではなくなり、その結果、各国でのCBDC発行に向けた機運は一時ペースダウンしていった。

そうした状況を一気に変えたのが、2019年6月に米国のSNS大手フェイスブック（現メタ）が打ち出した、新たなデジタル通貨「リブラ（Libra）」の発行計画だ。リブラは当初、主要国通貨のバスケットでその価値が決まり、一国内で使われるのではなく、国境を越えて広く使われることを狙った「グローバル・ステーブルコイン」として設計された。それは、価格変動が激しいために支払い手段としての利用が限られた、ビットコインなど暗号資産の欠点を補うものだった。

しかし、まさにこうした点にこそ、金融当局の大きな懸念があったのである。その利便性の高さから、リブラは世界中で一気に利用が広がり、各国の金融政策や金融システムに悪影響を与えることが強く懸念された。また、国境を越えた利用が拡大すれば、マネーロンダリング（資金洗浄）対策など、金融当局の監視の目が届きにくくなる。

このリブラ計画に最も迅速に反応したのが中国だ。中国の中央銀行、中国人民銀行は、２０１４年にＣＢＤＣであるデジタル人民元の研究を始め、２０１６年には「中期的に発行する」という構想を明らかにしていた。しかし、リブラ計画の発表を受けてその直後の２０１９年６月に、「近い将来発行する」との考えを突如打ち出した。中国国内や近隣諸国でリブラが利用されることを警戒し、先手を打ってリブラを撃退するために、デジタル人民元の発行計画を前倒しにしたのである。

ドミノ倒しの様相に

中国がデジタル人民元を発行することには、それを人民元国際化の起爆剤とし、また米国の金融覇権を打ち破るという狙いがあると考えられる。また、デジタル決済業務でのAlipay（アリペイ）、WeChat Pay（ウィーチャットペイ）の寡占状態を解消する狙いもあるだろう。ただし、２０１９年６月のリブラ計画の発表が、デジタル人民元の発行計画を前倒しさせたことは確かだろう。

その後、フェイスブックがリブラ計画を修正していったことで、先進国の金融当局者らの警戒感は緩和されていった。それに代わって先進国の警戒の対象となったのが、このデジタル人民元であった。

リブラ計画と同様に、デジタル人民元が海外で広まると、マネーロンダリング等の犯罪に利用される、資金フローの変動を増幅する、デジタル人民元が使われるようになった国では金融政策や金融システムに悪影響が及ぶ、といった点が強く警戒された。また、デジタル人民元がドル覇権を揺るがし、ドルの下落など金融市場を不安定にさせることも、先進国では心配されるようになったのである。

そこで、デジタル人民元が自国や近隣諸国へと影響力を拡大することを防ぐために、自国でもＣＢＤＣを発行して、デジタル人民元を迎え撃つことを検討し始める国々が出てきた。その代表格がユーロ圏である。

また、先進国の中央銀行の間では、中国がＣＢＤＣの技術や仕組みで、世界の標準（スタンダード）を握ることを強く警戒し、それが自らもＣＢＤＣの発行を検討する動機となっている面もある。いずれにしても、現時点でＣＢＤＣの発行に最も前向きであるように見える先進国・地域はユーロ圏だ。

このように、ビットコインを起点にして、あたかもドミノ倒しのように、ＣＢＤＣ発行に向けた動きが各国で促されていった。

第3節

CBDCの功罪を考える

シニョレッジの減少を回避しマイナス金利政策の有効性を高める

本節では、CBDC（中央銀行デジタル通貨）のプラス面とマイナス面について考えてみよう。まずは、プラス面に着目する。

CBDCの発行が、中央銀行の業務、あるいは金融政策に与えるプラスの効果には、大きく次の4点が考えられる。

第1に、「シニョレッジ（通貨発行益）」の増加だ。中央銀行は、民間銀行に資金を貸し出し、また民間銀行から国債を買い入れ、その代金を中央銀行当座預金（中銀当座預金）という形で支払う。通常の状態では、中央銀行の資産側にある貸出の金利や保有国債の金利よりも、負債側にある中銀当座預金に支払う利息（付利金利）の方が低いことから、両者の差が中央銀行の利益となる。これがシニョレッジである。

他方、預金者が銀行預金を取り崩して現金を入手することに備えるため、民間銀行が中銀当座預金を取り崩して現金を入手すると、中銀当座預金は現金に替わる。現金は金利がゼロであることから、その分、中央銀行の利払い負担は減り、シニョレッジは増加する。

ところが、民間デジタル通貨の利用が広がり、それが競合する現金を代替していけば、中央銀行のバランスシートの負債側にある現金が減少していくことから、中央銀行のシニョレッジは減少してしまう。それは、中央銀行の業務全体に支障を生じさせる可能性がある。

一方、CBDCが発行され、それが現金を代替する場合には、中央銀行のバランスシートの負債側にCBDCが増えていく。このCBDCの金利を現金と同じゼロに設定すれば、あるいはその水準をコントロールすることで、シニョレッジの減少を防ぐことができるのである。

第2に、CBDCの発行は、マイナス金利政策の有効性を高めることができる、としばしば指摘されている。日本銀行やECB（欧州中央銀行）、スイス、デンマークなど欧州諸国の中央銀行は、以前にマイナス金利政策を採用していた。マイナス金利政策とは、中銀当座預金の中の超過準備（の一部）に付ける金利を、マイナスにする政策のことだ。

マイナス金利政策を採用する際に、その大きな障害となるのが、金利が付かない現金の存在である。民間銀行は、マイナス金利が適用される超過準備を取り崩してゼロ金利である現金で保有することで、利益の悪化を防ぐことができる。

そうなれば銀行が、顧客の預金金利を引き下げてマイナス金利政策による収益の悪化を回避する必要性は低下することから、消費活動など経済に与えるマイナス金利政策の効果を一部削いでしまうのである。

しかし、中央銀行がマイナス金利を付けたCBDCを発行し、現金を代替していけば、銀行はゼロ金利の現金の保有を増やすことができなくなる。その結果、マイナス金利政策のもとで銀行の収益は圧迫され、顧客の預金金利を引き下げてマイナス金利政策による収益悪化を回避しようとするだろう。これが、個人消費を刺激するのである。

マイナス金利と現金保有・輸送のコストのバランス

実際には、銀行が新たに巨大な金庫を用意し、マイナス金利が適用される超過準備を取り崩して、中央銀行から大量に現金を輸送して貯蔵するには追加的なコストがかかる。そのため、小幅なマイナス金利の政策のもとではこうしたことは生じない。実際、比較的小幅なマイナス金利政策が導入された日本や欧州では、銀行が大量に超過準備を取り崩して現金で保有するといったことは起こらなかった。

しかし、マイナス金利の幅がより大きくなれば、そうしたことは起こり得るだろう。また、それだけでなく、マイナス金利政策が長期化する見通しが高まれば、そうした現象が生じる可能性が高まる。

それは、新たな金庫を用意するコスト、あるいは現金の輸送コストは一時的なものであるが、銀行の収益を悪化させるというマイナス金利政策が長期化すれば、時間当たりで計算した両者のコストが接近していき、いずれ、マイナス金利のコストが現金保有・輸送コストを上回るようになるからだ。

ちなみに日本銀行の場合には、銀行が現金を大量に保有した場合には、その分、マイナス金利が適用される政策金利残高を増加させる、というペナルティーを課すことで、現金保有の増加をけん制した。

他方、中銀当座預金に適用されるマイナス金利の幅がより大きくなれば、民間銀行は、預金金利をマイナスにすることで、収益の悪化を回避しようとする可能性も出てくる。

個人の場合には、家庭用金庫を購入する、あるいは銀行の貸金庫を利用するなどの現金の貯蔵コストは比較的小さいため、銀行預金の金利が僅かにマイナスになるだけで、マイナス金利の銀行預金を取り崩して金利が付かない現金で保有する傾向が強まるだろう。その場合、個人が保有する金融資産の金利の低下がその分妨げられることから、マイナス金利政策の効果はやはり削がれてしまうのである。

中央銀行の金利政策の効果を高める

ＣＢＤＣの発行が金融政策に与えるプラスの効果の第3は、マイナス金利政策に限らず、中央銀行がＣＢＤＣに金利を付けて、その金利を操作することで、直接的に企業や個人の経済活動に影響を与えることができる、という点だ。

伝統的な金融政策の効果は、中央銀行がその政策手段を用いて、銀行の資金調達コストや貸出原資となる資金の調達の容易さを調整することを通じて、銀行の貸出行動等に変化を与えることから波及していく。しかし、ＣＢＤＣを発行すれば、その金利を変動させることで、企業や個人の経済活動に直接影響を与えることが可能となる。

第4に、ＣＢＤＣが民間銀行の預金を完全に代替してしまうようなケースを考えてみると、銀行にとって貸出原資となるのは、市場からの調達を除けば、中銀当座預金のみとなる。その貸出原資を、中央銀行がオペレーションを通じて思いのままに増減させることができるため、銀行の貸出行動を、量の面からより強くコントロールして政策効果を高めることが可能となる。

CBDCに2つのタイプ

このように、CBDCの発行を通じて民間デジタル通貨が生じさせる様々な問題を軽減することが可能となる。しかし一方で、新たな問題点も生んでしまうのである。

CBDCの問題点は、その形態によって異なってくる。そこで最初に、CBDCの2つのタイプを確認しておきたい。

第1は、個人や企業が、銀行など民間組織を通じてCBDCを間接的に入手するものだ。例えば、銀行預金口座などから銀行のCBDC口座に資金を移し替えることで、CBDCを入手する。

民間銀行は中銀当座預金を取り崩す形で中央銀行からCBDCを入手し、手元に保有しておく。そして顧客からのニーズがあった場合に、顧客の預金口座からCBDC口座に資金（CBDC）を移すのである。これは、民間銀行が、中銀当座預金を取り崩す形で中央銀行から現金を入手し、顧客はATMあるいは銀行窓口で、自身の銀行預金口座から現金を引き出すという、現在の現金流通の仕組みと基本的には同じである。

第2は、全ての個人、企業が中央銀行にデジタル通貨の口座を持ち、そこを通じて取引決済を行うというものである。このケースでは、銀行預金はCBDCに概ね代替されることになるのだろう。

第1のタイプでは、口座を持つ銀行の経営に対して不安が高まると、顧客は銀行預金をより安全なCBDCの口座へと一気に移そうとするだろう。これは、民間デジタル通貨でも生じることだが、CBDCの方が格段に信用力が高いことから、そのリスクはより高まる可能性がある。しかし、第2のタイプのCBDCであれば、これは生じない。

中央銀行が取引履歴を全て把握する？

他方、第2のタイプで大きな問題となるのは、個人や企業がＣＢＤＣを使って行う取引決済の履歴のデータは、全て中央銀行が入手することになる、ということだ。個人が現金、銀行預金、その他の決済手段から、ＣＢＤＣを使った決済に完全に移行する場合には、全ての取引履歴を中央銀行が把握することになる。これはいわば超管理社会であり、また取引履歴の情報を税務当局と共有するか否か、といったかなり難しい問題も生じてしまう。

そのため、日本を含めてＣＢＤＣの発行を検討する多くの中央銀行が現在想定しているのは、第1のタイプである。

ところで、ＣＢＤＣの発行は、決済のデジタル化を推進する、つまりキャッシュレス化を推進する目的であれば、かなり有効な策と言える。その信用力の高さから、デジタル通貨、スマートフォン決済などが幅広く利用され、経済の効率を高めることにも大いに貢献するだろう。

しかし、支払い手段としてその利用が拡大する潜在力を持つキャッシュレスサービスと競合し、それを駆逐するようにならないよう、十分な配慮が必要だろう。それは、まさに民業圧迫であり、また、民業のイノベーションの芽を潰してしまうことにもなりかねないからだ。

第4節

世界に衝撃を与えたリブラ計画の顛末

今までのデジタル通貨と全く異なるリブラ

米ＳＮＳ大手のフェイスブック（現メタ）が２０１９年６月に発表した新デジタル通貨「リブラ（Libra）」の発行計画は、世界を震撼させた。当初、リブラは２０２０年前半にサービスを開始することを予定している、と発表されていた。

民間企業が発行・運営するデジタル通貨、つまり、デジタル形式で価値が保存され、現金と同様に商品購入の支払い、送金などに使うことができるデジタル決済（支払い）の手段、はその時点で既に広まっていた。日本では、Suicaなど電子マネーの利用が相当根付いており、また〇〇ペイ、と呼ばれるスマートフォンでのバーコード、ＱＲコード決済サービスに、ＩＴ企業、小売企業、通信企業、銀行など様々な業種が挙って参入し、まさに混戦状態となっていた。さらに、ビットコインをはじめとした暗号資産（仮想通貨）もデジタル通貨の一種とされる。

ところがリブラは、既に利用されているこうしたデジタル通貨とは異なるものだった。それゆえに大きな注目を集めたが、その一方で、金融当局の警戒心も尋常ではなかったのである。他のデジタル通貨との違いは、以下の3つの点である。

① 一国にとどまらないグローバル（超国家）通貨

② 価値の安定のため主要通貨のバスケットに連動

③ 大手プラットフォーマーが主導

リブラの発行計画に対して、世界の金融当局あるいは米国政府・議会などが、一斉に強い警戒心を剥き出しにした背景には、大きく2つの理由がある。

第1に、リブラが、現在流通している暗号資産とはまさにけた違いに、小口の支払い手段としてグローバルに利用される潜在力がある、ということだった。

フェイスブック関連のアプリケーション、つまりSNSのフェイスブック、写真投稿アプリのインスタグラム、メッセージアプリのワッツアップ、メッセンジャーの利用者総数は、当時約27億人に達しているとされた。これは、2018年の世界の総人口の実に37%程度、つまり3人に1人程度に相当した。フェイスブック関連のアプリの利用者が、そのアプリ上で一斉にリブラを利用し始めれば、現在流通している暗号資産とは比較にならないほど、支払い手段として世界に一気に広がる潜在力があった。

それゆえに、この新デジタル通貨が、金融システムを不安定化させるリスク、金融政策の有効性を低下させるリスク、マネーロンダリング（資金洗浄）など犯罪に利用されるリスク等を大きく高めることが、強く懸念されたのである。

そして第2は、この構想を設計し、また少なくとも当面の運営を主導するとしたのが、2019年に大規模な個人データ流出問題を引き起こし世界中から強い批判を浴びたフェイスブックだったという点である。

従来の暗号資産とは全く異なる存在

このリブラは、現在存在している多くの暗号通貨とは全く異なる存在だ、という点を理解しておく必要がある（図表4－1）。ビットコインに代表される暗号資産は、投資・投機対象としては引き続き強い関心を集めているものの、支払い手段としての利用はかなり限られているのが現状だ。これは、主として、仮想通貨の価格のボラティリティ（価格変動率）が非常に高いことによるものだ（第3章第2節）。

ところが、リブラは、暗号資産のように投資対象、あるいは価値の貯蔵手段として利用されることが意図されておらず、もっぱら支払い手段として利用されるのを狙って計画された。そのため、価格の安定性に最大限配慮された設計となった。

リブラの価値を主要な法定通貨のバスケットと連動した水準に維持するために、リブラの発行・消却（買い入れ）を担うリブラ協会が、いつでもその価格水準でリブラを買い取ることを保証する仕組みが作られた。そのためには、バスケットを構成する主要通貨建てで、かつ流動性の高い、つまりいつでも換金できる金融資産を常に準備しておかねばならない。それがリブラ・リザーブである。リブラ・リザーブは、主要法定通貨の銀行預金、短期国債で運用される。これらは流動性が高く、また信用力が高い安全資産だ。

このように、リブラを運営管理するリブラ協会という組織が、通貨の価値の安定を担う中央銀行と似た役割を果たすことも、従来の暗号資産と大きく異なる点である。リブラは、リブラ協会が通貨の発行、消却などを担う中央

図表4－1　リブラとビットコインの比較

	リブラ	ビットコイン
管理体制	リブラ協会による中央集権型管理	管理者はいない
取引システム	許可型（コンソーシアム型）ブロックチェーン	非許可型ブロックチェーン
取引認証作業のメリット	リブラ協会への出資に応じたリブラ・リザーブの運用益の分配金受取	認証作業によるビットコインの取得（マイニング）
発行量のコントロール	需要に応じて新規に発行、消却する。コントロールはしない	2,100万枚が上限。2040年頃に上限に達する見込み
価値の安定	比較的安定（主要法定通貨のバスケット価値に連動）	非常に不安定
投資対象	魅力はない	価格変動が大きいため一定の魅力がある
支払い手段としての利用	広がる可能性	広がりにくい
金融政策への影響	悪影響が及ぶ可能性がある	悪影響が及ぶ可能性は小さい
銀行制度への影響	大きな影響が及ぶ可能性がある	影響が及ぶ可能性は小さい

（出所）　野村総合研究所

管理型システムであるのに対して、ビットコインにはそうした管理者はいない。

そのもとでは、ビットコインに何らかの問題が生じた際には、それを解決する仕組みがないことで、大きな混乱を招くリスクが高まる。実際、過去に見られたビットコインの分裂では、そのような欠点が露呈した、と見ることができるだろう。

他方で、フェイスブックがことさら強調したのは、リブラが金融包摂（ファイナンシャル・インクルージョン）に貢献する、という社会的な意義だ。

フェイスブックは、世界中で17億人の「銀行口座を持たない人（unbanked）」に対して、リブラは支払い手段を新たに提供できる、とその意義を主張した。また、貧しい人の支払いコストを軽減することにも役立つとした。

現在の決済システムは、多くの人、とりわけ貧困層にとってかなりコストが高い、という問題点があることは否定できない。世界銀行によると、新興国の出稼ぎ労働者は、本国への送金に平均で6・9％の手数料を支払っているという。

マネーロンダリングに利用される懸念

フェイスブックが示したリブラ計画の中で、世界の金融当局らが特に警戒したのは、「リブラブロックチェーンには匿名性があり、ユーザーは実世界の本人とリンクされていない一つ以上のアドレスを保有することができる」と説明された箇所だった。これは、利用者が身元を明かさずにリブラを利用できる、と解釈できた。

この仕組みのもとでは、本人確認が確実になされず、その結果、リブラがマネーロンダリングなどの犯罪に利用されるリスクが強く懸念されたのである。これは、金融当局が近年、金融規制上で特に力を入れている、「ＫＹＣ（Know Your Customer：本人確認）」と「ＡＭＬ（anti-money laundering：マネーロンダリング対策）」の2つへの懸念に他ならない。この点にどのように対応するかについて、当初フェイスブックからの明確な説明はなく、それがリブラへの不信感をさらに高める結果ともなったのである。

リブラに本人確認を強く求めることは、実は、フェイスブックが掲げるリブラの理念と逆行してしまう側面もある。そのことが、ユーザの利便性を損ねてしまう面があることもそうだが、それ以上に重要なのは、フェイスブックがリブラの社会的な意義として強調している、金融包摂への貢献を難しくしてしまう面があった。

フェイスブックがリブラの主な利用者として想定している低所得者に、本人確認をしっかりと義務付けることは、実は容易なことではない。貧困層はパスポート、定まった住所や公共料金の請求書などで身元を証明できないことが多いためだ。

そこで、本人確認を厳しく義務付けるようにすれば、貧困層でリブラの利用者は増えずに、金融包摂や格差対策というリブラの理念は実現されなくなってしまうのである。

撤回に追い込まれたリブラ計画

世界の金融当局からの強い反発に押され、リブラ計画は軌道修正を余儀なくされていった。2020年4月にはリブラ協会が新たに「Libra 2.0」と改称して、計画を見直すことを発表した。

利便性の高さから、リブラは世界中で利用が広がり、各国の金融政策や金融システムに悪影響を与えること、また、国境を越えた利用が拡大し、マネーロンダリング対策など、金融当局の監視の目が届きにくくなることが懸念された。

こうした金融当局の懸念を軽減するために、リブラは、複数の単一デジタルコインとして始める方針へと修正を迫られた。主要国通貨のバスケットで価値が決まるのではなく、デジタル・ドルやデジタル・ユーロなど、単一通貨にその価値が連動するデジタル通貨の取引をそのプラットフォーム上で行うことから始めることにしたのである。

この場合、各デジタル通貨がそれぞれ自国内で使われるのであれば、既に各国で広まっているスマホ決済などとの違いはほとんどなくなる。グローバル通貨というリブラの最大のメリットを、捨てることになってしまったのである。

さらに2020年12月には、名称がリブラ（Libra）からディエム（Diem）に変更された。それは、ステーブルコインとして機能し、ドルなどのいくつかの既存の資産に固定されることで、多くの仮想通貨が経験するようなボラティリティの影響を受けにくくすることを目的とされた。

しかしディエムも結局発行されることなく、2021年1月にフェイスブック（現メタ）が主導するディエム（旧リブラ）協会は、資産の売却を検討していることを発表した。リブラ計画、ディエム計画はここで頓挫したのである。

リブラ計画が残したもの

ただし、リブラ計画、ディエム計画が残したものは決して小さくはないだろう。それが多くの人に安価で利便性の高い金融サービスを提供するという、金融包摂の面での重要な社会的意義を持つことは明らかである。またそれは、現在の金融サービスの持つ大きな欠点を浮き彫りにしたとも言える。

それを改善、克服するために、海外送金手数料の引き下げに向けた取り組みも、世界でなされるようになったのである。2027年末までに国際送金の平均コストを1％以下に下げるほか、全体の75％を1時間以内、残りも1

営業日以内に着金させるなどの目標が、２０２１年10月のＧ20（主要20か国・地域）サミットで合意された。

また、ディエムなどの「グローバル・ステーブルコイン」に対抗するという観点から、各国でＣＢＤＣ（中央銀行デジタル通貨）の発行計画が加速されてきたという側面もある。その代表が、デジタル人民元である。さらに、安全で安価なクロスボーダー決済（国際送金）を実現するために、将来的には各国が発行するＣＢＤＣを交換する仕組みを作ることも検討されている（本章第1節）。

リブラ計画、ディエム計画は頓挫したが、非金融業のプラットフォーマーが新たなデジタル通貨を発行し、金融業に参入することへの当局や金融機関の懸念は決してなくならない。しかしそうした懸念こそが、金融当局にデジタル通貨に関わるルール整備を促し、また金融機関には金融サービスの利便性を高める努力を促して、金融サービスの向上、発展を後押しすることに繋がることを期待したい。

第5節

「デジタル人民元」とはいったい何か

中国が主要国で初めてCBDCを発行か

主要国の中でCBDC（中央銀行デジタル通貨）を最初に正式発行する可能性が最も高いのは中国だ。中国は、当初、2022年2月の冬季北京五輪でCBDCとしてデジタル人民元を世界にお披露目することを目指している、とされていた。実証実験の範囲は既にかなり拡大し、正式発行は近づいていると考えられるが、まだ正式発行の時期は発表されていない。

スマートフォン決済などで利用する民間が発行するデジタル通貨は、既に世界に溢れている。CBDCも、使い方はこうした民間デジタル通貨とほぼ同じだ。中国も含め多くの国で、CBDCは主にスマホ決済（QRコード、バーコード）方式で利用されることになるだろう。さらに、スマホ決済を補助する形で、プリペイドカード方式も、多くの国で採用されていくのではないか。

民間デジタル通貨と比べて格段に信用力が高いCBDCを発行することで、中央銀行はキャッシュレス化を後押しすることができる。他国と比べてキャッシュレス化が大きく遅れている日本では、ＣＢＤＣを発行することには、こうした大きな意義があるだろう（本章第6節）。

しかし、中国の状況は日本とは全く異なる。民間決済アプリケーションのAlipay（アリペイ）とWeChat Pay（ウィーチャットペイ）とが2分するスマホのＱＲコード決済が、既に国民の間に広く浸透している。そのため、中央銀行がＣＢＤＣの発行を通じて、キャッシュレス化を後押しする必要は全くない状況だ。それなのになぜ、中国はデジタル人民元の発行を目指しているのか。

中国人民銀行は、２０１４年にデジタル人民元の研究を始め、２０１６年には中期的にそれを発行する構想を明らかにしていた。その発行計画をかなり前倒しさせたのは、フェイスブック（現メタ）が新型デジタル通貨リブラ（Libra）計画を２０１９年6月に発表したことだった（本章第4節）。

先進国の金融当局は、リブラが各国の金融政策、金融システムに悪影響を与え、またマネーロンダリング（資金洗浄）等の犯罪に利用されることを強く警戒した。中国もまた、リブラが中国国内や周辺国で利用されることを強く恐れたのである。

その後中国は、リブラを念頭に国内での暗号資産（仮想通貨）の利用を禁じた。リブラを含む暗号資産がアリペイとウィーチャットペイなどと違うのは、前者は、法定通貨の人民元建てではなく、また、ブロックチェーン（分散型元帳）技術など、銀行システムとは異なるシステムが使われる点にある。

デジタル人民元発行の狙いは何か

他方、中国が周辺国でリブラが広く利用されることを強く警戒したのは、それが人民元の国際化という国家戦略の大きな障害になると考えたからではないか。当初のリブラ計画では、リブラの価格の半分はドルで決まる設計となっていた。中国にとって、リブラはデジタル形式の法定通貨ドルに近い存在だったのだ。

国内でリブラを禁じても、それが周辺国では広く利用され、通貨面で囲い込まれることを中国は恐れた。そこで、デジタル人民元でリブラを迎え撃ち、それを撃退することを狙ったと考えられる。

中国は、デジタル人民元を発行する狙いを対外的に明確には説明していないが、デジタル人民元発行を起爆剤にして人民元の国際化を進め、米国の通貨覇権、金融覇権に対抗することに最大の狙いがあると考えられる。

2022年のロシアによるウクライナ侵攻後、米国などは、経済制裁の一環で、ロシアの主要銀行をSWIFT（国際銀行間金融通信協会）から排除した。その結果ロシアは、ドルやユーロなど主要通貨を用いた国際貿易決済を行うことが難しくなった。米国は、過去にもテロ対象国に対して、SWIFTからそれらの国の銀行を排除することで、貿易決済を困難にさせ、経済制裁の実効性を高めてきた、という経緯がある。

米国と対立する中国も、将来的に、米国が牛耳るSWIFTから自国の主要銀行が排除されて、国際貿易が大きく縮小することを強く警戒したに違いない。また、そうした可能性も考慮に入れて、デジタル人民元の発行準備を進めた可能性があるだろう。

中国の貿易はドル建て比率が高いが、これを人民元建てに変更する、つまり人民元の国際化を進めたうえで、貿易相手国とＣＢＤＣを交換する国際決済手段を広げていけば、米国によるＳＷＩＦＴ制裁の打撃を減らすことができるかもしれない。それは、国際通貨、金融の覇権を握るドルへの挑戦でもある（第1章第5節）。

ただし、デジタル人民元発行の狙いは、それだけではないだろう。2番目に重要と考えられる狙いは、デジタル決済の分野で銀行を支援して、アリペイ、ウィーチャットペイの影響力を徐々に低下させていくことなのではないか。決済アプリのアリペイを提供する金融プラットフォーマーのアント・グループなどが、伝統的な金融機関のビジネスを圧迫しながら巨額の利益を挙げ、また独占状態を築き上げてきたことを強くけん制する狙いがあるだろう。

実際、当局は、2020年末から電子商取引最大手のアリババ・グループとその傘下にある金融会社のアント・グループへの規制を一気に強め、まさにアリババ・アント帝国の崩壊を図ったかのようである。アリババ・グループ、アント・グループが、取引履歴などの大量の個人データを独占してきた状況を終わらせ、それを国家が吸収して、国民の統制に利用する狙いもあるのかもしれない。

それ以外にも、紙幣の偽造対策、紙幣を用いた犯罪に関連する取引への対策なども、デジタル人民元発行の狙いにあるだろう。しかしいずれにせよ、中国当局が、デジタル人民元発行の狙いを、対外的に丁寧に説明することは今後も考えられない。

アリペイ、ウィーチャットペイと何が違うのか

ＣＢＤＣであるデジタル人民元と、アリペイ、ウィーチャットペイのような民間が発行するデジタル通貨とで

は、スマホ上での使い方に大きな違いはないが、その信頼性に大きな違いがある。

また、デジタル人民元は社会インフラとして導入されることから、利用を望む国民が全て問題なく利用できるように、十分な配慮をすることが求められる。これに対してアリペイなどは、あくまでも民間ビジネスであることから、全ての国民を顧客とする必要はなく、また採算に合わないサービスは行わないのである。

そして、アリペイなどは個人のユーザにはほぼ無料でサービスを提供するが、店舗からは利用料をとっている。他方、デジタル人民元を利用する場合には、店側は新たに設備投資をする必要が生じるが、その費用は無償で提供されるだろう。

さらに、デジタル人民元の発行には、アリペイ、ウィーチャットペイの影響力を低下させる目的もあると考えられるため、ユーザにとってより便利な機能を追加することで、アリペイ、ウィーチャットペイの独自の決済サービスから利用者を徐々に奪っていく狙いがあるのではないか。そのより便利な機能が、QRコード決済に加えてタッチ決済方式を導入することだ。さらに、通信事情が悪くても円滑に支払いができるよう、ネットに繋がっていなくても利用できるオフライン決済の機能も導入されるのである。

アリペイ、ウィーチャットペイは競争相手か

中国人民銀行デジタル通貨研究所の穆長春（ムー・チャンチュン）所長は、「アリペイ、ウィーチャットペイは金融インフラであり、ウォレットだ」と説明している（注2）。

アリペイなどでの最終的な決済は、銀行預金を用いて行われる。企業が商品の売り手と買い手の間に立ってその

売買を仲介し銀行預金での決済を行う、Escrow（エスクロ）というサービスの仕組みの発展形と言えるだろう。それは、伝統的な銀行の決済制度に依存したもので、仕組み上は新しいものではあったが、技術上の大きな革新性はない、と言える。

他方デジタル人民元は、アリペイ、ウィーチャットペイのように、決済の仕組みなのではなく、通貨そのものである。デジタル人民元は、その発行を担う銀行のアプリやアリペイ、ウィーチャットペイでも利用ができる。それらのウォレットに入れられる中身に、新たに中央銀行が発行するデジタル通貨が加わる、ということに過ぎない。ところでデジタル人民元には、当初、分散型元帳技術（ＤＬＴ）の一つであるブロックチェーン技術が用いられる、と考えられていた。しかし実際には、ブロックチェーン技術の採用は一部にとどまるという。取引量が膨大で迅速な処理が求められるため、個人向けのデジタル人民元の決済処理としては、ブロックチェーン技術は不向きなのだろう。

繰り返しになるが、デジタル人民元は、デジタル決済分野におけるアリペイ、ウィーチャットペイの影響力を低下させ、銀行の存在感を高めることを狙っている面があると考えられる。しかし、少なくとも当面のところは、アリペイ、ウィーチャットペイを排除することは想定しておらず、それらにデジタル人民元の決済も担わせるのである。

デジタル人民元はその流通の過程で、決済チェーン上の各民間当事者、つまり銀行やアリペイ、ウィーチャットペイの発行・運営を行うアント・グループ、テンセントが共同で推し進める。

前出の穆所長は、「純公共財であるデジタル人民元は、何らかの決済方式の代替を目指すのではなく、電子化決済の重要な補完物となる」と語り、民間ビジネスとの協業を進める考えを表面的には強調している。

銀行、アント・グループ、テンセントなど民間決済会社、及び中国人民銀行は、データベースを運用し、利用者間のデジタル人民元の流れを追跡するデータベースを保管することにもなる。デジタル人民元の利用で蓄積されていく取引履歴などの個人データは、官民共同での管理となることが現時点では考えられている。

第6節

「デジタル円」は誕生するか

「デジタル円」発行に向けた取り組みが進む

日本でもCBDC（中央銀行デジタル通貨）、通称「デジタル円」の発行に向けた取り組みが加速している。仮に正式に発行されればその発行主体は日本銀行となるが、日本銀行は「（CBDCの発行の是非は）国民的な議論を経て決まるべきもの」との考えを強調している。日本でCBDCを発行するには日本銀行法の改正が必要になる可能性があるなど、多くの法的整備を進めることが不可欠であり、日本銀行だけで発行の是非を決めることはできない。

それでも、日本銀行はデジタル円発行に向けた準備を着々と進めている印象が強い。日本銀行はCBDCの「概念実証フェーズ1」を2021年4月から2022年3月まで実施した。「概念実証フェーズ1」の目的は、CBDCシステムの基盤となるCBDC台帳を中心に、実験環境を構築したうえで、CBDCに関する基本的な取引（発行、払出、移転、受入、還収）を的確に行うことができるかを検証することだった。

さらに2022年4月には、「概念実証フェーズ2」を開始した。「概念実証フェーズ2」は、フェーズ1で確認したCBDCの基本機能に、より複雑な周辺機能を付加したうえで、その技術的な実現可能性やシステムの処理能力などについて、実機検証または机上検証を行うものだ。

そして2023年4月には、第3フェーズとなる「パイロット実験」を始めた。これは、概念実証では検証しきれない技術的な実現可能性の検証と、技術面・運用面の検証に有用な民間事業者の技術や知見の活用を行うもの、と説明されている（注3）。必要な場合には、実験の内容や参加者の範囲を段階的に拡大する予定だ。

日本銀行は、「中央銀行デジタル通貨に関する日本銀行の取り組み方針」として、以下の考えを示している（注4）。

① 情報通信技術の急速な進歩を背景に、内外の様々な領域でデジタル化が進んでいる。技術革新のスピードの速さなどを踏まえると、今後、中央銀行デジタル通貨（CBDC）に対する社会のニーズが急激に高まる可能性もある。

② 現時点でCBDCを発行する計画はないが、決済システム全体の安定性と効率性を確保する観点から、今後の様々な環境変化に的確に対応できるよう、しっかり準備しておくことが重要。

③ このため、内外関係者と連携しながら、実証実験と制度設計面の検討を進めていく。

④ デジタル社会にふさわしい決済システムのあり方について、幅広い関係者とともに考えていく必要がある。CBDCは、現金と並ぶ決済手段としての役割に加え、民間の事業者が、イノベーションを発揮して様々な決済サービスを新たに提供する基盤となり得る。

⑤ 現金に対する需要がある限り、日本銀行は、今後も責任をもって現金の供給を続けていく。

「デジタル円」の発行は2030年代初め頃か

日本銀行の「デジタル円」の発行決定に最も大きな影響を与えるのは、欧州でのCBDC発行の動きだろう。EU（欧州連合）の政策執行機関である欧州委員会は、2023年6月に、ユーロ圏のCBDCである「デジタル・ユーロ」に関するEU規則案を公表した。2024年2月には、欧州議会の委員会が同規則案の議論を開始した。またECB（欧州中央銀行）は、2023年10月18日の理事会で、デジタル・ユーロのデザインや流通に関わる2年間の「調査段階」を10月に終え、11月から次のフェーズとなる「準備段階」に入ることを正式に決めた。

この準備段階の開始は、デジタルユーロ発行の正式決定ではないことをECBは強調している。EU（欧州連合）の立法プロセスが完了した後にのみ、ECBはデジタル・ユーロの発行を正式に決めるとしている。しかし、いずれデジタル・ユーロの発行を正式に決定する可能性は高いだろう。ECBのラガルド総裁は、「我々は将来に向けて通貨を準備する必要がある」と述べている。

さらに、2年後にECB理事会は、将来のデジタル・ユーロの発行と展開に道を開くため、次の準備段階に進むかどうかを決定すると説明している。現在の準備段階が終わる2025年のこのタイミグが、ECBがデジタル・ユーロの発行を正式に決める最短の時期となる可能性が考えられる。

そして、このECBの決定が、日本がデジタル円の発行を正式に決定する引き金になる可能性があるだろう。2022年に当時の黒田日本銀行総裁は、CBDCを発行できるかについて「2026年までに判断する」と述べたことがある。この点からも、2026年頃は、日本銀行がデジタル円の発行を正式に決定する時期となる可能性が考えられる。

中国ではＣＢＤＣの発行方針を２０１９年に決定したが、５年を経過した現時点でもなおデジタル人民元の正式発行には至っていない（本章第5節）。正式発行まではシステム面や法制面での綿密な準備が欠かせないのである。日本が欧州に続いて２０２６年頃にデジタル円の発行を正式に決めたとしても、５年以上の準備時間を要し、実際に発行されるのは２０３０年代初め頃となることが予想される。

「ＣＢＤＣに関する関係府省庁・日本銀行連絡会議」の中間報告

政府・日本銀行として制度設計の大枠を整理するため、「ＣＢＤＣ（中央銀行デジタル通貨）に関する関係府省庁・日本銀行連絡会議」が設置され、２０２４年1月から議論が始められている。財務省が議長を務め、日本銀行のほか、内閣府、警察庁、金融庁、デジタル庁、法務省、経済産業省など広範囲にわたる関係府省庁が参加している。また２０２４年4月17日にはそれまでの議論を踏まえて、中間整理が公表された（注5）。

そこでは、ＣＢＤＣに対して制度面で何が課題となるか、各組織から具体的な論点が明らかにされた。経済産業省は、ＣＢＤＣは既存の民間キャッシュレスサービスと競合するため、民業圧迫になることを警戒する。「民間事業者や店舗、利用者に大きな影響を及ぼす可能性があるため、関係省庁と民間事業者の間で十分な議論が不可欠」と述べている。

デジタル円は主にスマートフォン上で利用され、現在民間業者が提供するＱＲコード、電子マネーなどのキャッシュレスサービスと使い方は変わらないと見られる。しかし、デジタル円は法定通貨であるがゆえに、民間のキャッシュレスサービスよりも信用力が高い。その信用力の高さは、システムの頑健性や、民間サービスのように事業者が破綻した際に損失を被ることがないといった点に根差している。さらに、民間のキャッシュレスサービスとは異なり、どの店舗でも利用ができ、おそらく店舗側が支払う手数料も無料になるだろう。

こうした点を踏まえると、デジタル円は競合する民間のキャッシュレスサービスに大きな打撃を与え、いわゆる民業圧迫となる可能性がある。両者がどのように共存できるような制度を考えるかは、今後の大きな論点の一つである。

金融庁は、CBDCが導入されると、銀行預金からの資金シフトが起こり、民間銀行のビジネスに悪影響を及ぼす可能性を懸念している。さらに銀行経営が不安定になる際に、銀行預金からの資金シフトが急激に生じ、それが銀行破綻の引き金になってしまう「デジタル・バンクラン（取り付け騒ぎ）」も警戒する。そのため、CBDCの保有額制限などセーフガード措置の検討を促している。

警察庁は、CBDCの偽造を見抜くことが難しい点を指摘する。偽造かどうかを判別できる仕組みをしっかりと作ることが望ましいとする。また、不正アクセスによるCBDCの略奪が生じた場合、CBDCの所有や移転において利用者を特定して追跡できることが望ましく、また被害回復のためにCBDCの没収や移転防止の方法を検討する必要がある、と指摘している。

また、現在の法令では、紙幣や硬貨の偽造には罰則があるが、デジタル円を想定した罰則規定はない。そのため、デジタル円の偽造を取り締まるための新たな法令整備が必要、との指摘がなされた。さらに、犯罪で得た不正な利益がデジタル円で決済された場合の差し押さえ方法などに関する法的整備も必要とされる。

このように、デジタル円の発行に向けては、なお課題が山積の状況である。しかし、世界の潮流に乗り遅れないという観点から、日本でも2030年代初頭を目途に、デジタル円が発行される可能性を考えておく必要があるだろう。

他国のように、金融包摂（ファイナンシャル・インクルージョン）の観点からデジタル円の発行を急ぐ必要性は日本には乏しいが、デジタル円を発行すれば、他国と比べて遅れているキャッシュレスの利用が加速し、それが経済効率を高めるということは最大のメリットとなるだろう。

デジタル円発行の議論には、以前にはデジタル人民元への対抗という論点もあった。デジタル円の発行を巡る経済安全保障上の論点については、第7章第3節で改めて取り上げたい。

第7節

新紙幣の発行

経済効果は1兆6300億円程度か

2024年7月3日に、20年ぶりとなる新紙幣（新札）が発行された。新紙幣の1万円札には渋沢栄一、5000円札には津田梅子、1000円札には北里柴三郎の肖像が、それぞれデザインされている。

新紙幣を発行する最大の目的は、偽造防止の強化だ。一般に、新紙幣発行から時間が経過すると、技術が陳腐化し偽造のリスクが高まる。そこで今までも、20年に1回程度の頻度で新紙幣が発行されてきた。

今回の新紙幣には、肖像が三次元に見えて回転する「ホログラム」など、最先端の技術が利用されている。加えて、誰でも利用しやすい「ユニバーサルデザイン」の導入も、新紙幣発行の目的の一つだ。指で触って券種を識別できる工夫や、額面の数字を大きくし、券種を識別しやすくする工夫などが施されている。

ところで、新紙幣が発行されると、自動販売機、ATM、セルフレジなどを保有する業者は、新紙幣に対応するように、新しい機種への入れ替えやシステムの改修を迫られることになる。これは、当該業界にとっては大きな負担であるが、一方でこれが、新紙幣発行が生み出す経済効果でもある。

財務省が新紙幣計画発表直後の2019年4月10日に衆議院財務金融委員会で示した日本自動販売システム機械工業会の試算によれば、新紙幣・硬貨を見分けるため、紙幣のデザイン刷新への対応で約7700億円、新500円硬貨の素材・細かな形状変更への対応で約4900億円、合計で1兆2600億円のコストがかかる見込みであるとされた。

2021年に発行された新500円硬貨については、今回の新紙幣発行のタイミングに合わせて、新機種購入やシステム改修などの対応をすることを決めた業者が少なくない。その結果、新500円硬貨に対応した自動販売機は、新紙幣発行前には全体の7割程度にとどまったという。

さらに業界試算によると、ATMの新札対応コストは全体で約3709億円と推定されている（GiG Works AddValue Inc.による）。以上を合計すると、新紙幣発行への対応コストは約1兆6300億円となる。それは、年間の名目GDPをプラス0・26％程度押し上げる経済効果となる計算だ。

タンス預金への影響は小さい

新紙幣発行がもたらす副次的効果として、タンス預金を減らすことが議論されているが、実際にはその効果は小さいだろう。

第1に、新紙幣を発行しても旧紙幣（旧札）は使い続けることができる。そのため、タンス預金の旧札をそのままにしておいても何ら問題は生じない。

日本銀行では、1885年から現在までに53種類の紙幣を発行している。その中で、1986年に発行を停止した聖徳太子の1万円札、1974年に発行が停止された板垣退助の100円札、1955年に発行が停止された二宮尊徳や武内宿禰の10円札、などが現在でも利用できる。紙幣が利用できなくなるのは、「法令に基づく特別な措置」が発令された場合のみであるが、それが発令されたのは、現在までに1927年、1946年、1953年の3回しかない。

第2に、それでも、新紙幣が出回るようになると旧紙幣は次第に使いづらくなることは確かだ。日本銀行によると、前回新紙幣を発行した2004年には、1年間で6割の流通紙幣が新紙幣に置き換えられていったという。そのため、タンス預金を持つ人は、保有する旧紙幣を新紙幣に替えていくことが予想される。

しかし、タンス預金を保有する目的に変化がない限り、タンス預金の総額は変わらない。新紙幣発行をきっかけに、タンス預金を取り崩して消費を拡大させるといった経済効果は期待できないだろう。

今後、タンス預金が取り崩されるとしても、それは物価上昇による現金の実質的な価値の目減りや金利上昇による機会損失（現金を持っていても利子は付かない）の高まりがきっかけだろう。ただし、その結果、タンス預金が取り崩されて銀行預金や株式投資などに回るとしても、それは個人が保有する金融資産の構成（ポートフォリオ）が変わるだけであり、個人消費が増え、経済効果が生じる訳ではない。

一部で、相続税の支払いを避けるために保有されているタンス預金をあぶりだすことが新紙幣発行の狙いの一つ、との指摘も聞かれたが、それは考えにくいところだ。

広く流通する最後の紙幣となるか

また新紙幣発行には、キャッシュレス化を後押しする効果があるとの指摘もあるが、実際には、その効果はあまり大きくはないだろう。コストを節約するために、販売機などで新紙幣対応を行わない業者は一定数あった。あるいは、この機会に現金でなくキャッシュレスのみに対応する機種に入れ替える業者もあった。

しかし、大手を中心に多くの業者は新紙幣対応を行うと見られる中、一部の店舗の機種で新紙幣が使えないからといって、現金利用をキャッシュレスに切り替える人が、果たしてどれほど出てくるだろうか。

新型コロナウイルス問題が広がった際に、感染リスクを下げるために現金利用を控える人が増え、日本では遅れていたキャッシュレス化が進んだ。

次にキャッシュレス化が大きく進むのは、新紙幣の発行ではなく、日本銀行がＣＢＤＣ（中央銀行デジタル通貨）、いわゆる「デジタル円」を発行することがきっかけとなるのではないか（本章第6節）。信用力が高いデジタルの法定通貨をスマートフォン決済などで利用できるようになれば、人々のキャッシュレス化は進むだろう。そうなれば、日本での現金利用は大きく減少するはずだ。

日本銀行が１８８５年から約１４０年にわたって発行してきた紙幣のうち、本格的に流通し、広く利用される最後の紙幣になるという大きな歴史的意義が、２０２４年7月に発行された新紙幣にはあるだろう。

〈注〉

1 "Making headway - Results of the 2022 BIS survey on central digital currencies and crypto", BIS, July 2024

2 Record China「デジタル人民元とは何か―中国メディア」２０２０年11月24日

3 日本銀行決済機構「「パイロット実験」の進捗状況について」２０２４年５月（https://www.mof.go.jp/about_mof/councils/meeting_of_cbdc/20240528nichiginsiryou.pdf）

4 日本銀行決済機構局「中央銀行デジタル通貨に関する日本銀行の取り組み」２０２３年11月14日（https://www.boj.or.jp/paym/digital/dig231114b.pdf）

5 「ＣＢＤＣ（中央銀行デジタル通貨）に関する関係府省庁・日本銀行連絡会議中間整理」２０２４年４月17日（https://www.mof.go.jp/about_mof/councils/meeting_of_cbdcre/20240417chuukanseiri.pdf）

第5章

インバウンド戦略と地域経済の活性化

第1節

インバウンド需要の回復

予想を上回る急回復となった外国人旅行者数

２０２０年に始まる新型コロナウイルス問題は、他国と同様に日本を訪れる外国人観光客を急減させ、日本の観光業に一時深刻な打撃を与えた。

しかし、感染リスクの低下を受けて、政府は２０２２年10月に海外渡航者の入国者数上限を撤廃し、68の国・地域に対してビザ免除措置を再開するなど、水際対策の緩和に踏み切った。その後、外国人旅行者の入国は予想以上のペースで増加し、たちまちのうちに２０１９年の新型コロナウイルス問題本格化前の水準を上回ったのである。急速に進んだ円安が、海外から日本への旅行を割安にしたことも、その大きな後押しとなった。

２０２４年９月の訪日外客数は２８７・２万人と、前年同月比で31・５％増、２０１９年同月では26・４％増となり、８か月連続で同月過去最高を記録した（図表５－１）。２０２４年上期の累計では１７７８・２万人と、過去最高であった２０１９年上期を１００万人以上、上回った。

図表５－１　訪日外国人数の推移

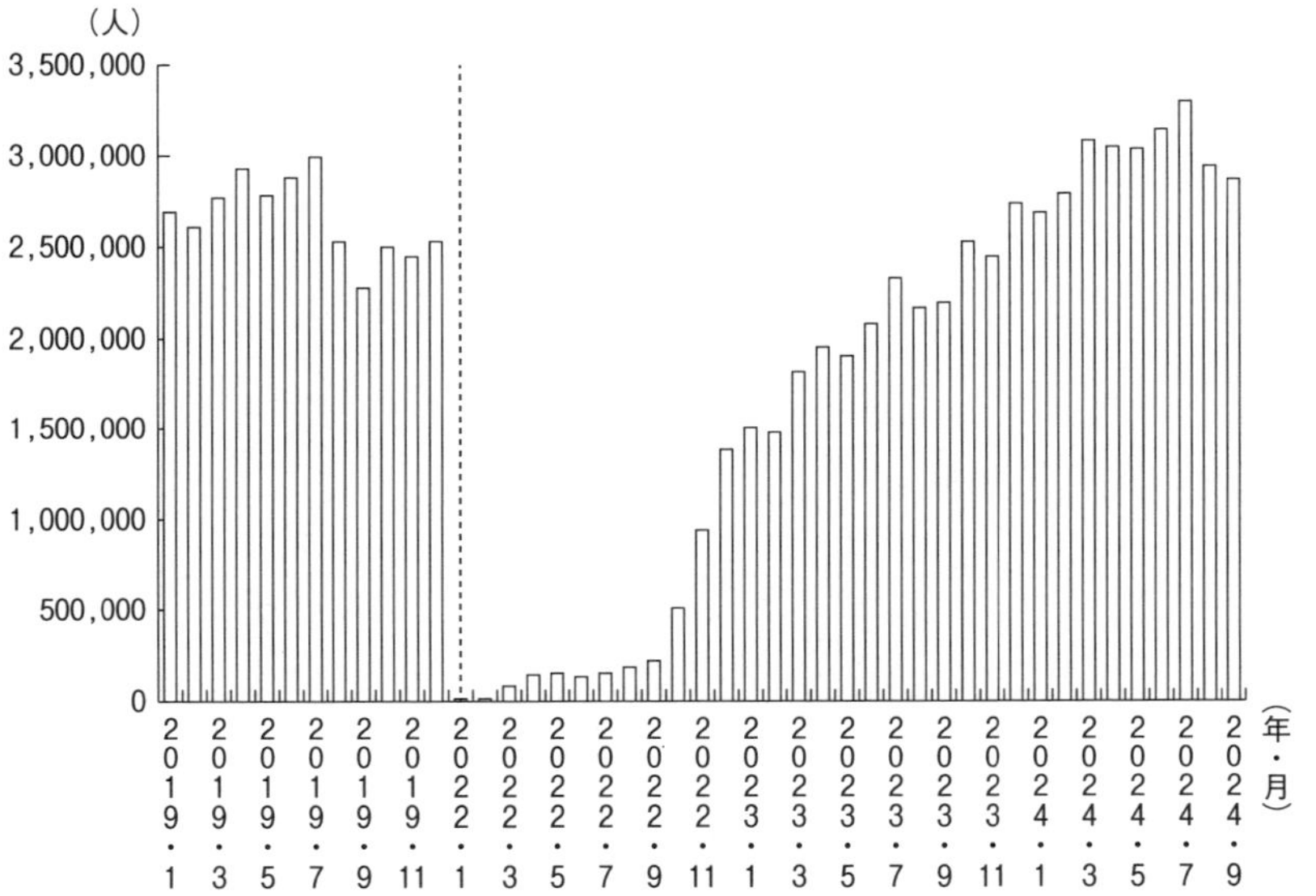

（出所）　日本政府観光局「訪日外客数」より野村総合研究所作成

２０２４年上期の入国者数を国別にみると、１位が韓国の４４４・２万人、２位が中国の３０６・８万人、３位が台湾の２９７・９万人、４位が香港の１２７・６万人と、アジアの国々が上位を占めている。

新型コロナウイルス問題本格化前の２０１９年には国別で１位であった中国からの入国者数が、２０１９年上期と比べてマイナス32・３％と依然として大きく出遅れている中でも、ほとんどの国からの入国者数は２０１９年上期を上回っている。減少しているのは、確認できるところでは中国に加えてロシア、タイの３か国だけだ。

円安の後押しでインバウンド需要の拡大が続く

２０２４年４～６月期の訪日外国人旅行消費額、いわゆるインバウンド需要は、２兆１３７０

図表5－2　インバウンド消費額の推移

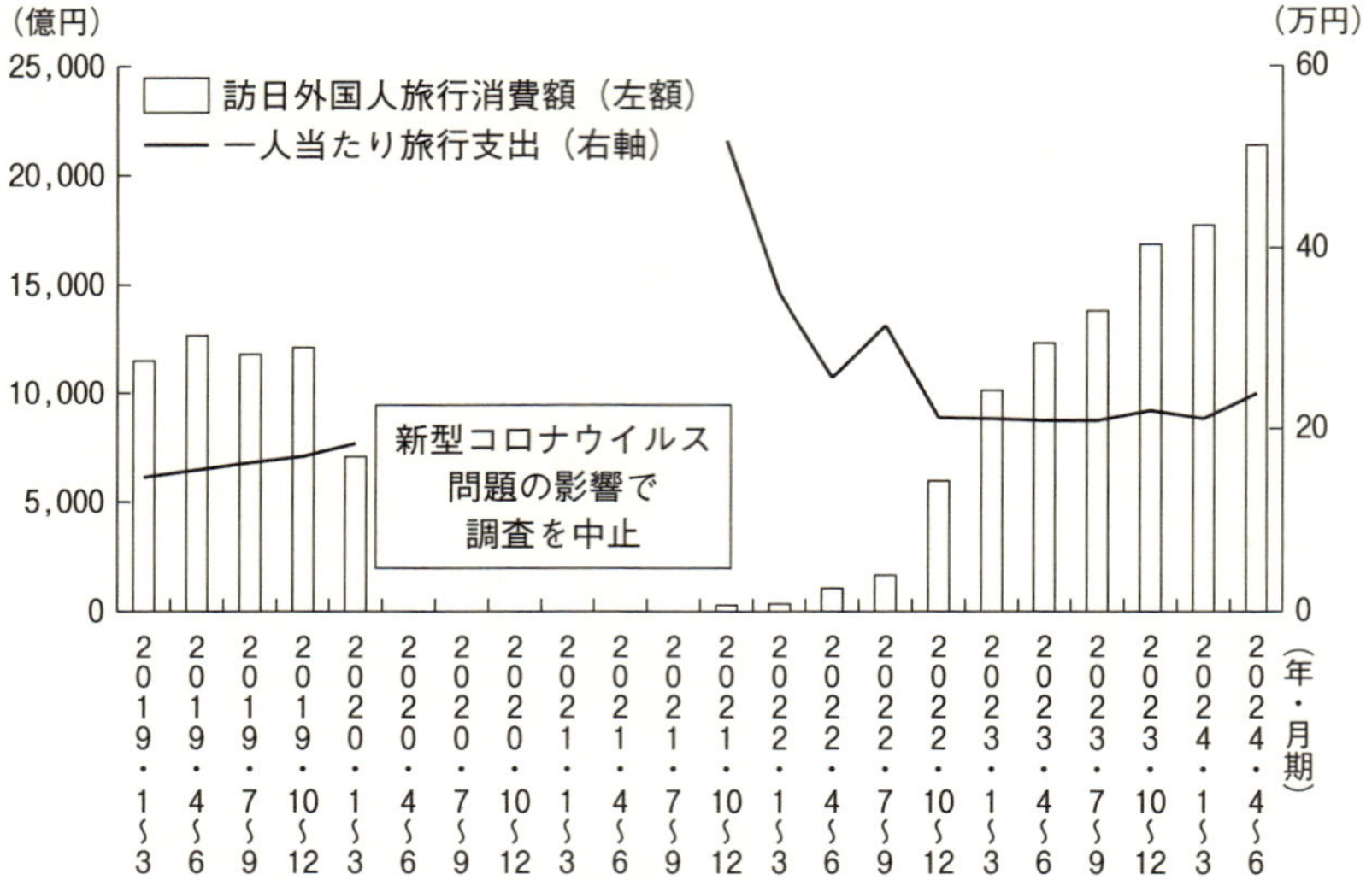

（出所）　観光庁「インバウンド消費動向」より野村総合研究所作成

億円、2019年同期比プラス68・5%と、旅行者数の増加以上のペースで大幅に増加している（図表5－2）。このことは、旅行者一人当たりが日本を旅行中に使う平均支出額が、新型コロナウイルス問題本格化前の水準を既に上回っていることを意味している。

2019年の旅行者一人当たりの平均支出額は15・9万円だったが、2024年上期には22・5万円と、約42%も増加している。この間、ドル円レートは1ドル109・0円から152・2円へと約40・0%円安が進んだことから、旅行者一人当たりの平均支出額増加の相当部分は円安進行の影響によるところが大きく、外国人旅行者の自国通貨建ての支出額は大きくは変わっていない。

政府は、旅行者一人当たりの平均支出額を高める、インバウンド需要の高付加価値化を目指している。しかし、現状では一人当たりの平均支出額の増加は、このように円安に支えられている面が強く、目標の実現はまだ道半ばの状況だ。

他方、インバウンド需要の拡大は、日本経済には強い追い風となっている。２０２３年の名目ＧＤＰは、インバウンド需要によって０・79％押し上げられた計算だ。２０２４年についてもプラス０・６％程度の押し上げ効果を発揮すると予想される。

円安が助長する物価高懸念により国内の個人消費が足踏み状態にある中、円安に促されるインバウンド需要の拡大が、それを穴埋めしている構図となっている。

第2節

インバウンド戦略の源流を探る

日本の観光政策前史

本章第1節で見たように、今や日本経済に大きな影響を与えるようになった外国人観光客であるが、過去に政府は彼らに対してどのような戦略を講じてきたのかを本節では振り返ってみよう。

日本では、大正時代から各地で観光計画が策定されるようになった。昭和9年には、国立公園の指定や保護などについて定めた「国立公園法」も施行されている。

しかし、外国人観光を意識した計画の本格的な策定は、第二次世界大戦後のことだ。それには、外国人の観光促進を戦後復興と外貨獲得に結び付ける国家戦略があったのである。

昭和24年には、「国際観光ホテル整備法」が施行された。ここでは、訪日外国人旅行者が安心して宿泊できる施設として、一定のサービスレベルが保証されたホテル・旅館となるための基準や手続き、訪日外国人旅行者への情報提供を促進するための措置等が定められた。

観光に関する包括的な法整備がなされたのは、昭和38年の「観光基本法」である。これは、国際観光地の整備と国内観光の振興、観光資源の保護育成や開発のために、政府がとるべき観光政策の方向を示したものだ。国際観光については、国際親善の増進とともに、国際収支の改善が狙いとされた。

そして、この「観光基本法」を全面改定し、新たに、観光地、観光産業の国際競争力の強化や、体験型観光等の新たな観光旅行分野の開拓、などを盛り込んだのが、平成18年に成立した「観光立国推進基本法」である。

その序文では、基本法策定に至った問題意識とその狙いについて、以下のように謳われている。「現状をみるに、観光がその使命を果たすことができる観光立国の実現に向けた環境の整備は、いまだ不十分な状態である」「我が国を来訪する外国人観光旅客数等の状況も、国際社会において我が国の占める地位にふさわしいものとはなっていない」「これらに適切に対処し、地域において国際競争力の高い魅力ある観光地を形成するとともに、観光産業の国際競争力の強化及び観光の振興に寄与する人材の育成、国際観光の振興を図ること等により、観光立国を実現することは、二十一世紀の我が国経済社会の発展のために不可欠な重要課題である」。

ここで謳われた観光立国の実現に向けた政府の取り組みが本格化したのは、平成15年に当時の小泉首相が「観光立国懇談会」を主宰してからだ。「観光立国推進基本法」が成立したのが3年後の平成18年、翌平成19年6月には、それに基づき「観光立国推進基本計画（第1次）」が決定された。その後、基本計画は改定が繰り返され、令和5年には第4次が策定されている（図表5－3）。

図表５－３　観光立国の実現に向けた政府の取り組み

平成15年　１月	小泉純一郎総理（当時）が「観光立国懇談会」を主宰
平成18年　12月	観光立国推進基本法が成立
平成19年　６月	観光立国推進基本計画（第１次）を閣議決定
平成20年　10月	観光庁設置
平成21年　７月	中国個人観光ビザ発給開始
平成24年　３月	観光立国推進基本計画（第２次）を閣議決定
平成25年　１月	「日本再生に向けた緊急経済対策」を閣議決定
３月	第１回観光立国推進閣僚会議を開催
４月	第２回国土交通省観光立国推進本部を設置
６月	第２回観光立国推進閣僚会議を開催 「日本再興戦略―JAPAN is BACK―」を閣議決定
平成26年　６月	「観光立国実現に向けたアクション・プログラム2014」決定 （「2020年に向けて、訪日外国人旅行者数2000万人の高みを目指す」ことを明記） 「日本再興戦略」改訂2014閣議決定
平成27年　６月	「観光立国実現に向けたアクション・プログラム2015」決定 （「2000万人時代を万全の備えで迎え、2000万人時代を早期実現する」ことを明記） 「日本再興戦略」改訂2015閣議決定
11月	安倍総理が第１回「明日の日本を支える観光ビジョン構想会議」を開催
平成28年　３月 平成29年　３月 12月 令和４年　10月 令和５年　３月 ５月 10月	「明日の日本を支える観光ビジョン」策定 観光立国推進基本計画（第３次）を閣議決定 「感染拡大防止と観光需要回復のための政策プラン」決定 「インバウンドの本格的な回復に向けた政策パッケージ」決定 観光立国推進基本計画（第４次）を閣議決定 「新時代のインバウンド拡大アクションプラン」決定 「オーバーツーリズムの未然防止・抑制に向けた対策パッケージ」決定

（出所）　観光庁ホームページより野村総合研究所作成

「観光立国推進基本計画（第4次）」での目標は早期に達成

令和5年（2023年）3月に閣議決定された「観光立国推進基本計画（第4次）」は、令和7年度までの3年間の計画だった。その中で、インバウンド関連については以下のような目標が設定された。

（目標1）訪日外国人旅行消費額を早期に5兆円にする【令和元年実績：4・8兆円】
（目標2）訪日外国人旅行消費額単価を令和7年までに20万円にする【令和元年実績：15・9万円】
（目標3）訪日外国人旅行者一人当たり地方部宿泊数を令和7年までに2泊にする【令和元年実績：1・4泊】
（目標4）訪日外国人旅行者数を令和7年までに令和元年水準超えにする【令和元年実績：3188万人】

本章第1節で見たように、2022年10月の水際対策緩和後に、訪日外国人数は急増し、その消費額は予想を上回るペースで増加するなど、ここで示された多くの目標は、3年計画の1年目で早くも達成されたのである。

（目標1）については、2023年の訪日外国人旅行消費額は5・3兆円に達し、1年目で目標を達成した。（目標2）の訪日外国人旅行消費額単価についても、2023年の訪日外国人旅行消費額単価は21・3万円に達し、1年目で目標を達成した。2024年上期平均でも22・5万円とその目標水準は維持されている。

（目標4）については、2023年1年間の訪日外国人旅行者数は2507万人と令和元年の実績3188万人に達しなかったが、2023年下期と2024年上期の1年間で計算すると、3213万人とその水準を超えた。

（目標3）については、現時点では統計で確認できない（観光庁観光統計・白書等による）。

前倒しでの目標達成には円安の一時的な後押し

政府は、新型コロナウイルス問題が生じる前には、「2020年に訪日外国人旅行者数4000万人、訪日外国人旅行消費額8兆円」という意欲的な目標を掲げていた。それは新型コロナウイルス問題によって現実味を失ったが、この目標達成も視野に入ってきた。

このように、インバウンドに関わる多くの政府目標は、予想外に早く達成できた。しかし、これは、予想外に進んだ円安の追い風によるところが大きく、追い風参考記録であるとも言えるだろう。

為替変動にもかかわらず、訪日外国人数が増加を続け、消費支出額を増加させ続けるためには、なお政策面での積極的な取り組みが必要となる。この点については、本章第3節で見ていきたい。

第3節

ポストコロナのインバウンド戦略

ボトルネック（供給制約）を乗り越える鍵は？

インバウンド需要の拡大には、長らく低迷を続ける日本経済を活性化させる大きなポテンシャルがある。それを引き出すことは、政府の成長戦略の柱の一つに位置付けられるべきだろう。

ただし、海外からの外国人観光客が増加する、いわゆる需要側のポテンシャルはかなり大きいとしても、それを受け入れる供給側に制約が生じてしまい、インバウンド需要が期待されたほど大きな経済効果を発揮できない恐れもある。そうしたリスクについても、現在、活発に議論されている。

現在のペースで外国人観光客数が増加していけば、早晩、宿泊先不足などの問題が深刻化する。また、国内観光業全体の人手不足も深刻になりかねない。こうした点から、供給面での制約の緩和、解消に迅速に取り組むことが、業界あるいは政府には強く求められている。特に、以下の3つの取り組みが重要だ。

第1は、高付加価値化である。外国人観光客の一人当たりの消費額を増加させれば、供給面での制約から客数の増加ペースが鈍っても、日本のGDPを押し上げる効果を高めることができる。この点については、本章第1節で見たように、高付加価値化の傾向は既に見られているが、円安による一時的な側面があることも否めない。こうした傾向を定着させるためには、魅力あるサービスを外国人観光客に提供するなど、前向きな取り組みを事業者が行うことが求められる。

第2は、大都市部と比べて宿泊先の余裕が相対的にはなお大きいと見られる地方部に、外国人観光客を誘導していくことである。外国人観光客の旅行先は日本の大都市部に集中する傾向が以前から指摘されてきたが、地方にある観光資源を積極的に紹介することや、地方の観光関連の環境整備を進めることが重要だ。SNSによる情報拡散、インフルエンサーの活用、外国語サービスの拡充、なども選択肢となるだろう。

外国人観光客を地方に誘導できれば、地方経済の活性化にも繋がる。またその結果、日本の企業や個人が大都市部から地方に移動し、地方に埋もれるインフラ、人材をより活用するようになれば、日本経済全体の生産性向上にも繋がるはずだ。これについては、本章第5節で詳しく見よう。

観光関連の設備投資拡大を促すことが重要

このように、インバウンド需要の高付加価値化という「深掘り」と、外国人観光客の地方誘致という「地理的拡大」の双方を軸に、インバウンド需要の持続的な拡大に繋げていくことが重要である。この2つは、「観光立国推進基本計画（第4次）」の中で政府も重視している点だ。

第3は、事業者の設備投資を促すことだ。例えば、ホテル建設が進めば、宿泊のキャパシティが増え、また日本経済の潜在力の向上にも繋がる。そのためには、海外からの観光客の増加とインバウンド需要の増加が一時的なブームに終わらずに将来にわたって続くとの期待を、事業者の間に高めることが重要となるだろう。

それを実現するには、様々な国・地域から外国人観光客を幅広く呼び込むことが重要なのではないか。コロナ禍前のように外国人観光客が特定の国に偏っていては、2国間の関係が悪化するような際に、海外からの観光客とインバウンド需要が一気に冷え込んでしまうとの懸念を拭えないからだ。いわゆるリスク分散が必要なのである。そのためには、政府、地方自治体、事業者らによる海外での幅広い広報活動なども欠かせないだろう。

ところで、観光地が外国人で混み合うことや、外国人観光客によって国内での宿泊先の予約が入らないなど、日本人の間での不満が一段と高まってくる可能性も考えられる。

そうなる前に、上記のようなポストコロナの新たなインバウンド戦略の実行に、しっかりと道筋をつけておき、インバウンド需要の拡大を日本経済再生の原動力にすることが重要だ。それが、第4のオーバーツーリズム対策だ。

政府が地域のオーバーツーリズム対策に補助

訪日外国人旅行者が大幅に増加する中で、観光客が集中する一部地域では過度の混雑やマナー違反による地域住民への影響、旅行者の満足度低下といったオーバーツーリズムの問題が深刻になっている。全国に35か所ある国立公園では、環境保護の観点から、建物の新築や増改築が規制されている。政府は、これを緩和することで、国立公園での観光開発を進め、訪日外国人旅行者を都市部から地方部に誘導することを目指している。これもオーバーツーリズムの一環だ。

また、オーバーツーリズムへの対策を通じて、持続可能な観光地域づくりを実現するには、地域がそれぞれの実情に応じた具体策を講じることが重要であり、政府はそれを補助金で支援している。

補助事業として認められたものには、山梨県大月町の「大月市における富士山観光に係るオーバーツーリズムの未然防止・分散・抑制による持続可能な観光推進事業」、京都府の「日本茶のふるさと「お茶の京都」を巡る特別な旅~京都オーバーツーリズム対策」、大阪市の「大阪市内に宿泊する訪日客を対象とした大型手荷物対策事業」、広島県尾道市の「しまなみ海道エリアにおけるオーバーツーリズム対策事業」、山口県下関市の「交通・観光情報の有効的発信による来訪者の分散・周遊促進及びスローモビリティを活用した交通対策実証事業」などがある。

富士山のオーバーツーリズム問題

地域のオーバーツーリズム対策で注目を集めたのが、世界文化遺産にも登録されている富士山で2024年7月から始まった入山規制だ。山梨県は5合目の登山口にゲートを設けて、一日の登山者数の上限を4000人、一人2000円の通行料を徴収するほか、午後4時から翌日午前3時までの間、登山道を閉鎖する規制を始めた。今回の規制が導入された理由は、過度な混雑がもたらすオーバーツーリズムの解消に加えて、環境保全、弾丸登山の防止がある。

同じ富士山関連では、山梨県富士河口湖町の「ローソン河口湖駅前店」に訪日外国人観光客が集中し、写真を撮ることに夢中になって道路に飛び出し、また、ごみをポイ捨てするなどの問題行動が相次ぎ、地元住民から苦情が続出した。2022年秋頃に、海外のインフルエンサーがこのローソンの店舗越しに見える富士山を撮影して、SNSに投稿し拡散したことで、同店が写真撮影の人気スポットになった。2023年1月に、タイの人気俳優も訪れて富士山とローソンを背景にした「自撮り」写真をSNSに投稿したことも、ブームに拍車をかけたとされる。

注意喚起の看板を設置したりして対策を講じたが効果は薄かったことから、2024年5月にローソン河口湖駅前店の前の道路を挟んだ反対側の歩道に長さ20メートル、高さ2・5メートルの黒幕を張るという対応が一時的にとられた。この措置によって観光客の数は減り、オーバーツーリズムは緩和された。ただし、地域が自ら観光スポットを潰すという対応をとらざるを得なかったことに課題も残った。現在は、この黒幕は取り除かれている。

京都のオーバーツーリズム問題

水際対策緩和後に外国人宿泊客が大幅に増えた京都では、宿泊によって滞在日数が増えても、訪日外国人観光客が特定の観光スポットに集中する傾向は変わらない。これが、地域住民の生活に悪影響を及ぼすオーバーツーリズムの問題を深刻にしている。例えば、訪日外国人観光客の増加で、一部地域で市民が市バスに乗れなかったり、ごみの不法投棄が相次いだりする問題が発生しているのである。京都市は場所、季節、時間という3つの「分散化」を掲げ、観光先の分散化を働きかけているが、特定地域への集中を防ぐことはできていない。

オーバーツーリズムの問題によって重要な観光資源の価値が下がるようなことが生じないように、各地域の新たな観光資源を積極的に訪日外国人観光客に発信し、訪問先の分散を図ることが求められる。さらに、SNSの分析やＡＩを活用して将来の来訪者数を予想することで、混雑緩和策などを事前に講じること、入館料などに、ＡＩの予想を用いて需要に合わせて価格を随時変動させるダイナミックプライシングを導入して、価格で需要を平準化させるなどの取り組みもまた検討されるべきだろう。

第4節

インバウンド需要の拡大を成長戦略に

日本の外国人観光客数は世界12位

世界の中における日本の外国人観光の現状を見てみよう。新型コロナウイルス問題後の情勢はなお安定していないことから、同問題前の2019年の数字を確認する。

すると、外国人観光客数は3188・2万人だった。これは世界の中で第12位である（図表5－4）。第1位のフランスと比べると、外国人観光客数は3分の1程度だ。アジア地域では、第4位の中国、第8位のタイに次ぐ。

経済規模で見れば世界第4位の日本が、外国人観光客数では第12位となお後れをとっており、現状では観光立国と呼ぶにはなお距離がある状況だ。

しかしながら、観光地としての日本の潜在力はかなり高いものがあると考えられる。

図表５－４　外国人旅行客受入数の国別ランキング（2019年）

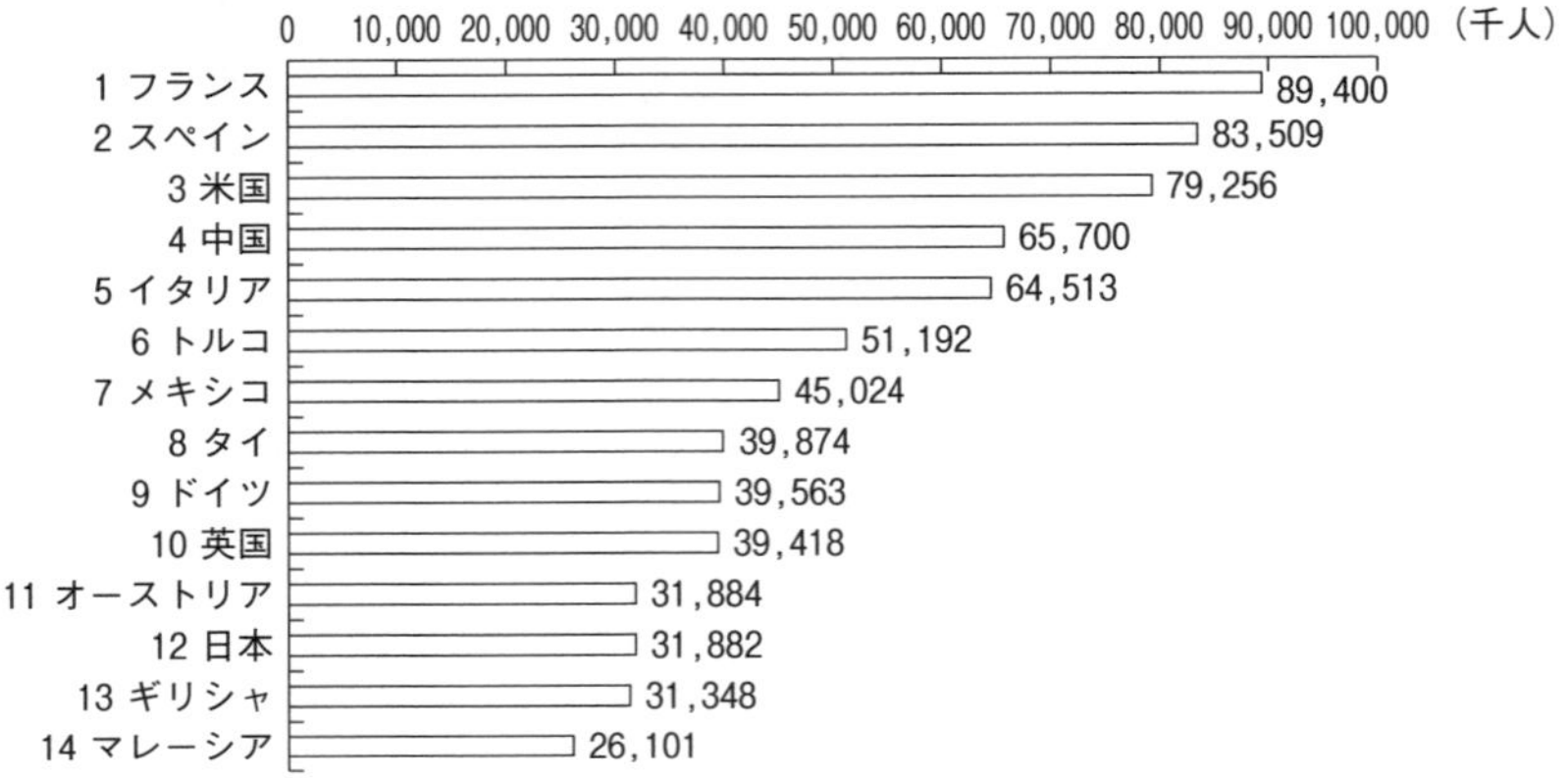

（注）　各国の発表数値による。2018年の数値等含む。
（出所）　観光庁、「UNWTO（国際連合世界観光機関）」より野村総合研究所作成

旅行・観光業の評価は コロナ翌年調査で世界トップクラス

ダボス会議として知られる世界経済フォーラム（ＷＥＦ）が２０２４年5月に公表した「２０２４年旅行・観光開発指数（ＴＴＤＩ）レポート」（注1）では、日本の観光地としての魅力、評価の総合スコアは世界で第3位だった。前回２０２１年調査では、２００７年の調査開始以来初めて日本が1位を獲得しており、そこから若干ランキングは落ちたものの、なお高水準にある。ちなみに、ランキングが落ちたのは、本章第3節で見たオーバーツーリズムの問題が影響したもようだ。

同指数は、「持続的で耐性がある旅行・観光分野の発展を可能にする諸要因と政策を計測したもの」と説明されている。それに基づく17の指標の評価点から全体の指数が計算されている。

具体的には、交通インフラの利便性、自然や文化など観光資源の豊かさ、治安のよさなどが高く評価された結果、日本のラ

図表5－5　旅行・観光開発指数のランキング（2024年）

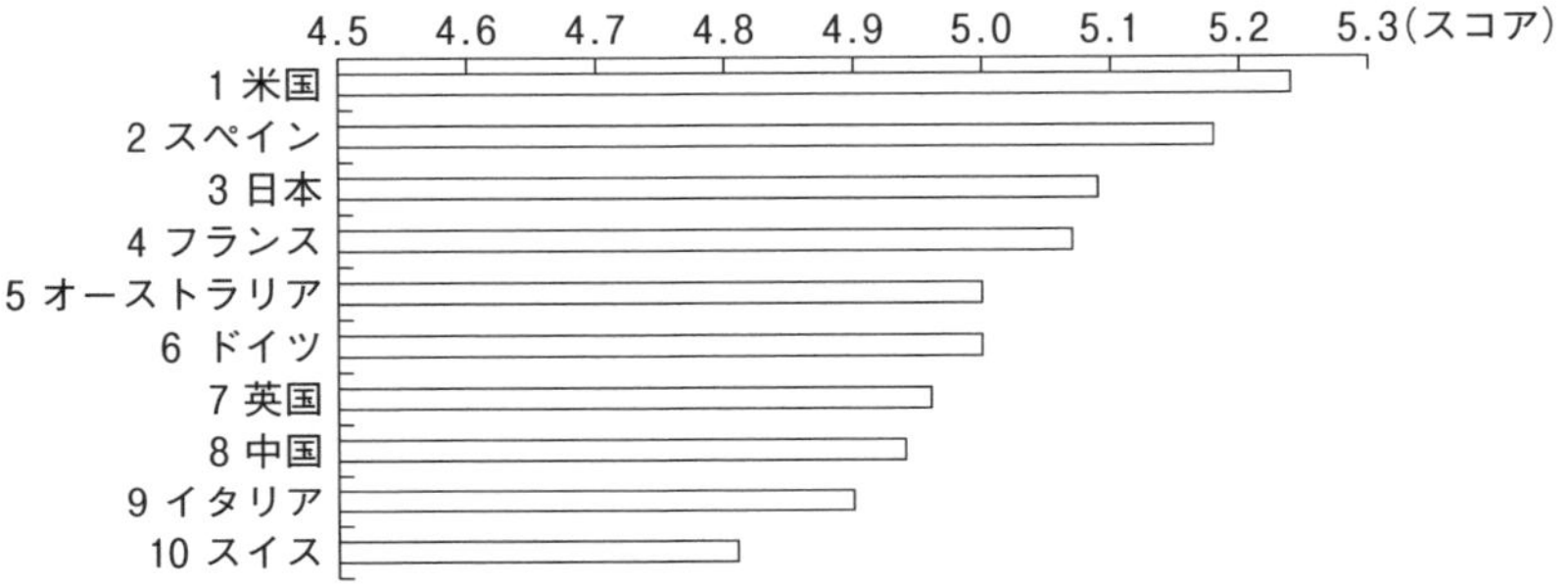

（出所）“Travel & Tourism Development Index 2024”, WEFより野村総合研究所作成

ンキングは3位となったのである（図表5－5）。

外国人観光客数では世界12位に甘んじている日本も、この旅行・観光開発指数に表れている旅行・観光業の優位性で見れば世界トップクラスなのである。

外国人観光客数　フランス並みでＧＤＰ13・7兆円、タイ並みでＧＤＰ3・2兆円増加

そこで、近い将来には難しいとしても、10年先など将来に、日本を訪れる外国人観光客数が世界1位のフランスと肩を並べることができるケースを想定してみよう。

２０２３年の外国人一人当たり平均消費額21・３万円を用いてその場合のインバウンド需要を計算すると、２０２３年の日本のインバウンド需要の５・３兆円から19・０兆円へと13・７兆円増加する計算となる。この増加額は、日本の２０２３年名目ＧＤＰの２・32％に相当する。

２０２４年以降、10年かけてフランスの外国人観光客数に追いつくと仮定すれば、それは、毎年の（名目・実質）ＧＤＰを０・23％ずつ押し上

図表5－6　日本の外国人入国者数が世界第1位フランスの水準、第8位タイの水準に並ぶ場合の経済効果

	2023年日本のインバウンド需要からの増加分（兆円）	GDP比（%）	年間GDP押し上げ効果（%）		
			3年	5年	10年
フランス	13.7	2.32	0.77	0.46	0.23
タ　イ	3.2	0.54	0.18	0.12	0.05

（出所）　野村総合研究所

げる計算となる（図表5－6）。

他方、近い将来にフランスの外国人観光客数に追いつくのは難しいことから、アジア地域では中国に次ぐ第3位のタイに日本が追いつくケースも考えてみよう。その際、日本のインバウンド需要は、追加で3・2兆円増加する。これは日本の2023年名目GDPの0・54％に相当する。これを3年で達成すると仮定すれば、毎年の（名目・実質）GDPを0・18％ずつ押し上げる計算となる。

いずれの場合でも、相応の景気浮揚効果が期待できると言えるだろう。インバウンド需要の拡大を促すことは、日本経済の成長力を高める重要な成長戦略に位置付けられるのである。

第5節

地方経済の活性化と東京一極集中の是正

インバウンド需要を日本経済活性化の原動力に

訪日外国人を地方に誘導していくことは、宿泊先などの供給制約を緩和し、また混雑などのオーバーツーリズム問題を緩和し、日本経済がインバウンド需要の恩恵をより享受できるようになることを助ける。またそれは、地方経済の活性化の原動力、起爆剤ともなるのではないか。

インバウンド需要を入り口にして、地方でビジネスが拡大すれば、日本人や企業が都市部から地方に移るきっかけになる。またそれは、「大都市一極集中」「東京一極集中」を是正することで、日本経済全体の生産性を高め、成長力を高めることになることが期待される。こうして、インバウンド需要を日本経済活性化の原動力の一つにすることも可能だろう。

欧米諸国の大都市と比較して、東京への人口集中傾向は著しい。東京都の人口は、全国の11・2％（2022年）と欧米主要国の首都の人口の集中度と比べてもかなり高い方だ（図表5－7）。

図表5－7　主要都市の人口が国全体の人口に占める割合（2022年）

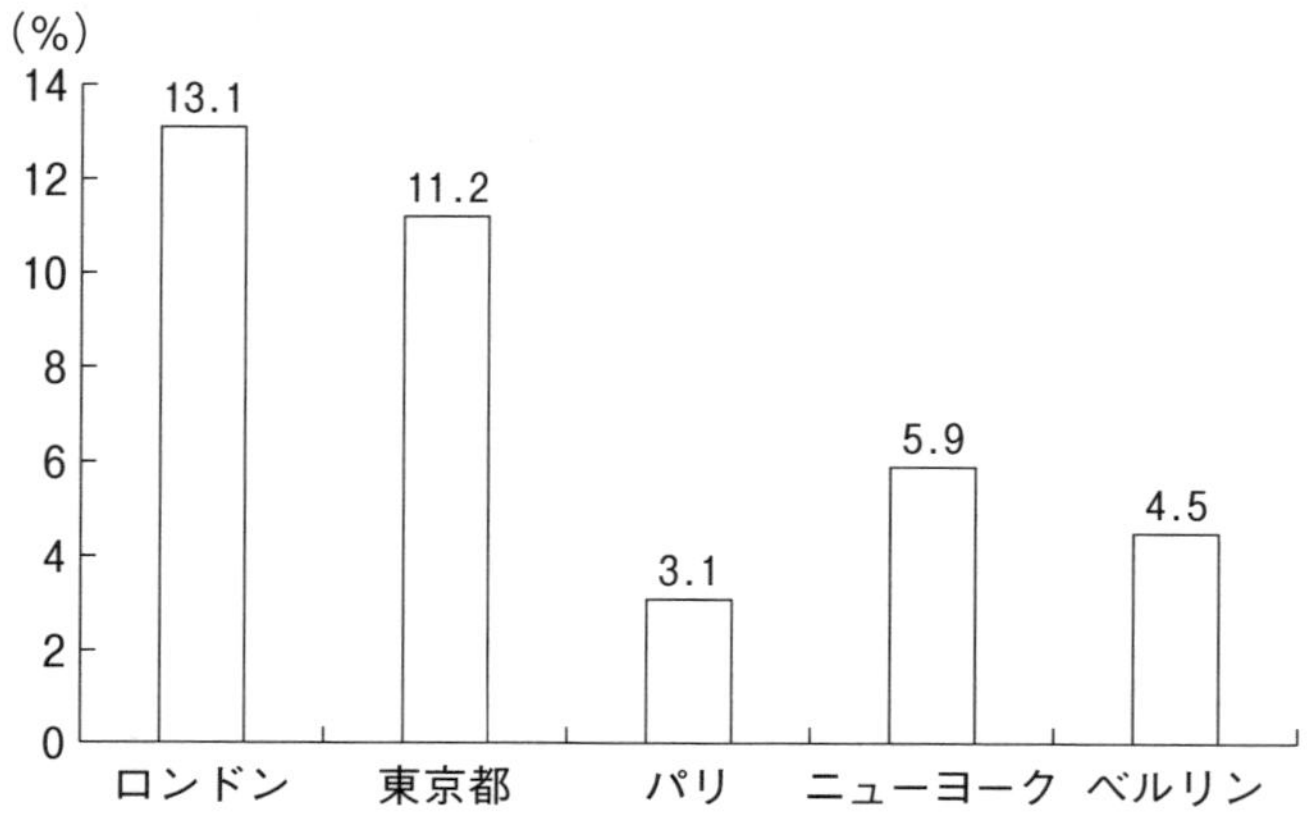

（出所）　OECD（経済協力開発機構）より野村総合研究所作成

図表5－8　各都市一人当たりGDPとその全国比（2015年）

	一人当たりGDP（千ドル）	全国比（各都市／国全体）
東京圏	48.2	1.17
ソウル	32.8	1.01
ニューヨーク	71.7	1.37
ロンドン	65.4	1.74
パ　リ	61.5	1.68

（注）　東京圏は1都3県、ソウルは京畿道、仁川広域市を含む都市圏、ニューヨークはニューアーク、ジャージーシティ等の一部を含んだニューヨーク郡市圏、ロンドンはグレーターロンドン、パリはイル・ド・フランス

（出所）　国土交通省「各国の主要都市への集中の現状」より野村総合研究所作成

他方、各国の首都の一人当たりＧＤＰ、つまり一人当たり生産性が国全体の平均と比べてどの程度の水準になるかを計算すると、東京圏の水準は欧米主要国の首都圏と比べて低いことが分かる。２０１５年時点で東京圏の一人当たりＧＤＰは、１・17倍と、ニューヨークの１・37倍、ロンドンの１・74倍、パリの１・68倍などと比べてかなり低い水準にとどまっている（図表５－８）。

都市部に人口が集中する過程では、経済の効率化が進み生産性が高まる傾向が一般的にはある。しかし人口集中が過度に進むと、それによるインフラ不足、住環境の低下などを生じさせ、生産性上昇率の妨げになると考えられる。東京都では、既にそうした臨界点を超えて人口が集中してしまったのではないか。

東京都の生産性上昇率は低下傾向に

かつては、東京都に人口が集中していく過程で東京都の生産性は他地域を上回って高まり、まさに東京が日本経済をけん引していたと言える。しかし、人口集中が過度になると、生産性上昇率はむしろ低下していき、東京は日本全体の生産性上昇率と成長率の足を引っ張るようになっていると考えられる。

東京都とその他都道府県について、国全体のＧＤＰに相当する県内総生産と人口から、それぞれの一人当たり生産性を算出した。その生産性上昇率の推移を見ると、２０１４年以降は一貫して東京都の生産性上昇率はその他都道府県の生産性上昇率を下回るようになっているのである（図表５－９）。

２０２０年の新型コロナウイルス問題とその後のリモートワークの定着、ワーケーションの広がりなどを受けて、東京から人口流出が生じたが、それは一時的な現象に終わってしまった。過度な人口集中が是正されない中、

図表５－９　東京都とそれ以外の都道府県の一人当たり生産性上昇率

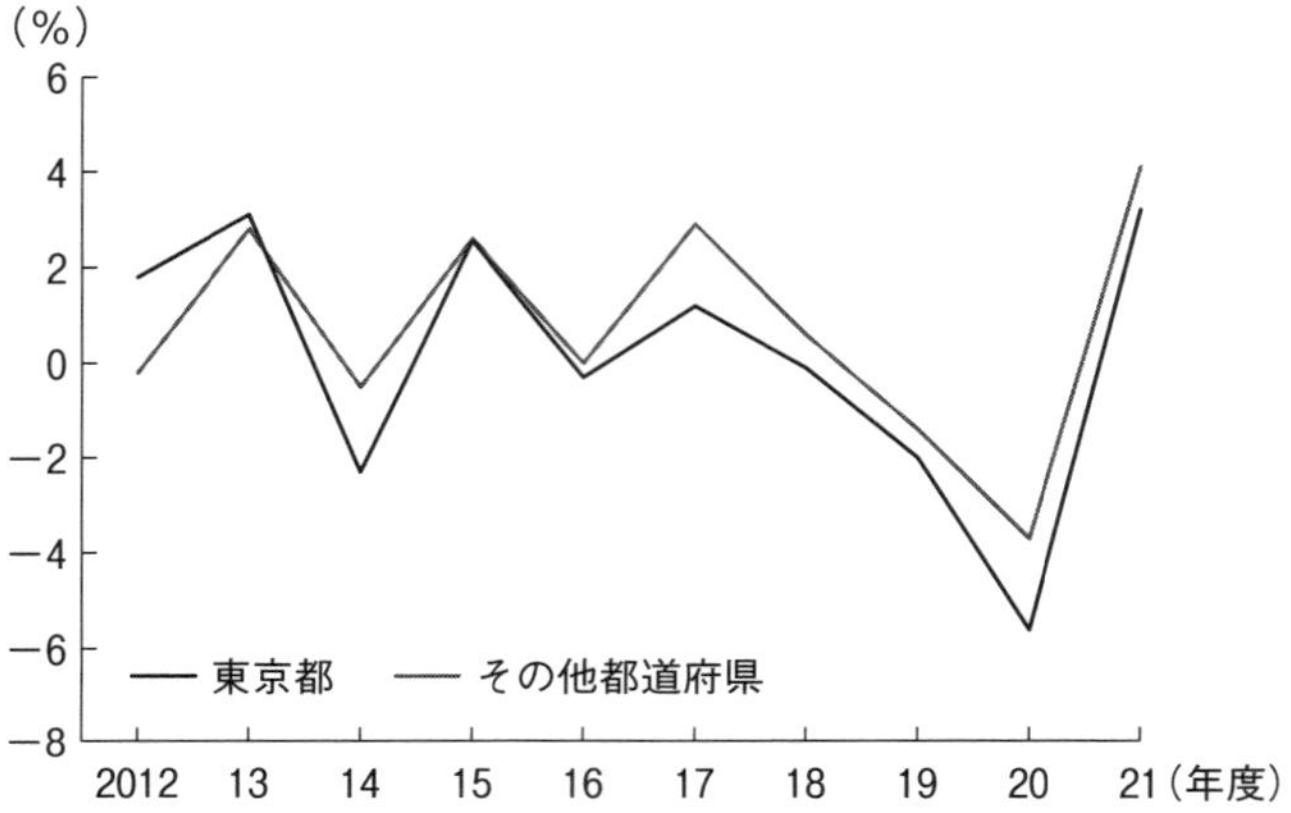

（出所）　内閣府「県民経済計算」より野村総合研究所作成

東京都の生産性上昇率は他の都道府県を下回り、低下傾向にあると考えられる。２０２１年までの5年間の平均で、東京都の生産性上昇率はマイナス０・７%と、他の都道府県の同プラス０・５%を大きく下回っているのである。

地方の社会インフラの有効活用を

過度の人口集中が東京都の生産性を押し下げている背景の一つに、社会資本（インフラ）の不足があるのではないか。社会資本には、道路、上下水道、航空、港湾、公園、学校、治山・治水、国有林などがあり、産業や生活に欠かせない公共インフラを提供している。

高度成長期には、地方部でも積極的な公共投資が行われ、社会資本の充実が図られた。しかしその後、地方部から都市部への人口移動が加速する中で、一人が使うことができる社会資本が地方部では膨らみ、社会資本の過剰傾向が強まっていった。反面、東京都などの大都市部では社会資本の不足傾向が強まり、これが、生産性向上の妨げになっていったと考

図表5－10　一人当たり社会資本ストックの東京都とその他都道府県の比較

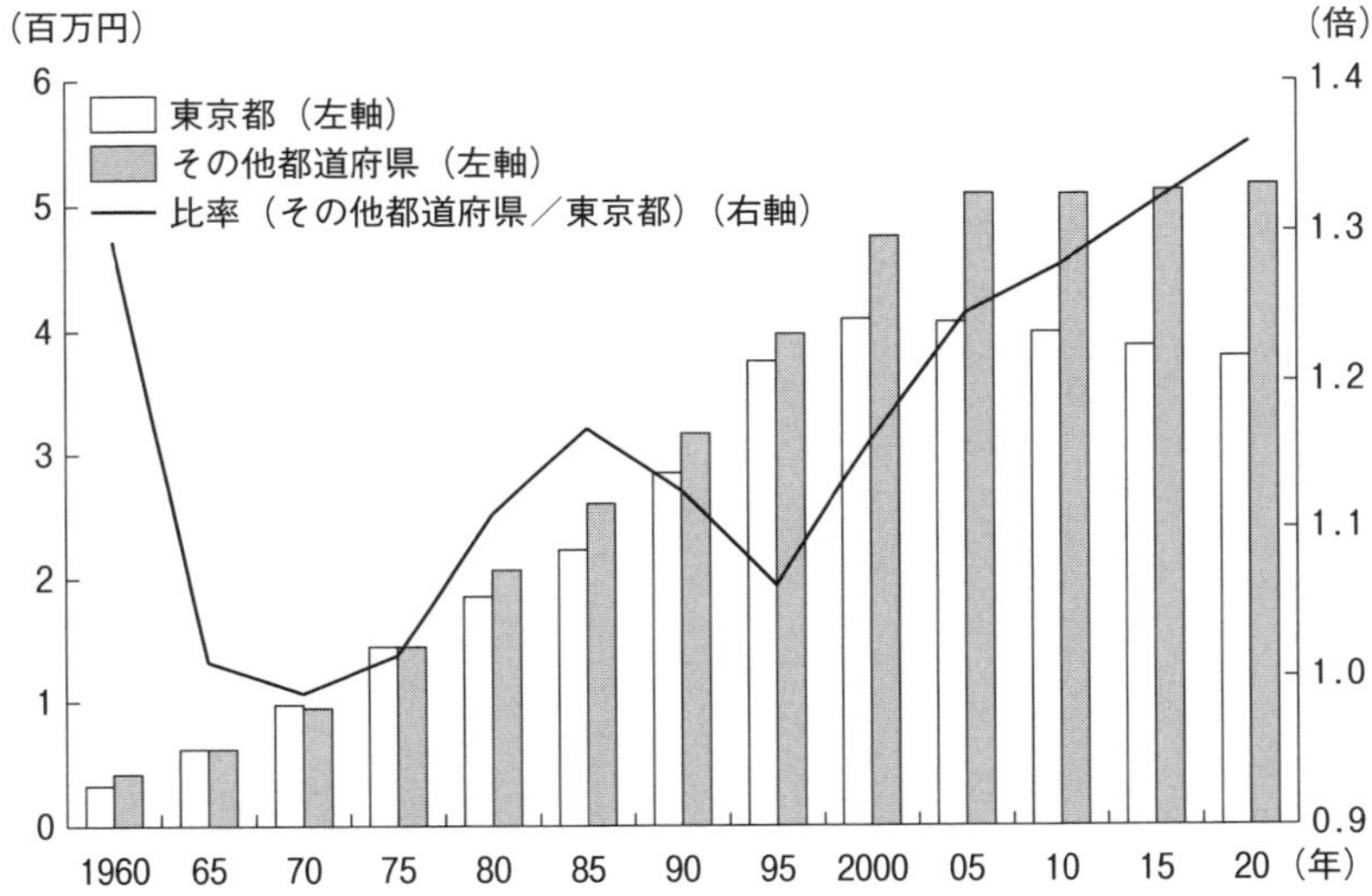

（出所）　内閣府「社会資本ストック推計」、国勢調査より野村総合研究所作成

えられる。

1960年以降の一人当たり社会資本ストックを東京都とその他都道府県で比較すると、1995年頃までは両者とも概ね同水準での増加傾向が見られた。しかしそれ以降は、東京都での一人当たり社会資本ストックは低下傾向を辿り、社会資本不足傾向が強まったと見られる（図表5－10）。

近年の2015年から2020年の5年の間に両地域の格差はさらに拡大し、2020年時点では、東京都以外の都道府県の一人当たり社会資本ストックは、東京都の1・36倍にまで達した。

東京に集中した人口、あるいは企業を地方部に移し、一人当たりの社会資本ストックを平準化していけば、地方の過剰となっている社会資本ストックの有効利用が進み、日本経済全体の効率を高めることが可能となるのではないか。

政府が長らく掲げてきた「東京一極集中の是正」という政策は、今のところ目立った成果を出せていない。国際連合の見通しでは、向こう10年間は、まだ東京への人口流入は続く（第6章）。

そこで、訪日外国人客をもっと地方部に誘導し、そこで観光関連のビジネスを拡大させることができれば、地方が、東京など大都市部から企業や人を吸収することができ、日本経済全体の生産性向上を後押しするのではないか。

このように、インバウンド需要を日本経済再生の原動力の一つとして活用することを真剣に考える必要があるだろう。

〈注〉

1 "Travel & Tourism Development Index 2024", WEF

第6章

急速に進む出生率の低下と少子化対策の課題

第1節　急速に進む少子化と少子化対策

出生率は過去最低の1・20まで低下

驚くようなペースで少子化が進んでいる。厚生労働省が2024年2月に公表した2023年の出生数は75万8631人と8年連続で減少し、過去最少を更新した。人口の数が多い団塊世代ジュニアの世代が出産適齢期を過ぎた2016年から2023年までの7年間のうちに、年間出生数は約101万人から4分の1程度も減少している。年間平均で3・6%の減少率だ。それ以前の2000年から2015年の減少率は年間平均で1%程度であり、下落ペースは急加速している。

国立社会保障・人口問題研究所が2023年4月に公表した将来推計人口では、外国人を含む出生数が50万人を割り込むのは2070年以降とされていた。しかし、出生者数が2016年から2023年までの平均の減少ペース、つまり毎年3・6%減少を続ける場合には、出生数が50万人を割り込むのは2035年へと大幅に前倒しとなる。

2024年6月5日の厚生労働省の発表によると、2023年の合計特殊出生率（一人の女性が一生の間に出産する子どもの人数。15～49歳までの全女性の年齢別出生率を合計したもの）は1・20と、2022年の1・26からさらに低下した。これは、1947年に統計をとり始めて以降最低の水準であり、前年を下回るのは8年連続となる。

都道府県別の合計特殊出生率は、全ての都道府県で前年の水準を下回っている。最低となったのは東京都の0・99であり、ついに1を下回った。次いで北海道が1・06、宮城県が1・07だ。最も高かったのは沖縄県で1・60、次いで宮崎県と長崎県が1・49、鹿児島県で1・48である。

出生率と深く関わる婚姻率も低下を続けており、2023年の婚姻率（人口千対）3・9と前年の4・1から低下している。また、平均初婚年齢は男性31・1歳、女性29・7歳と、前年と同水準ながらも上昇傾向が続いていると見られる。

政府が新たに決めた少子化対策は、既婚者への支援が中心である。しかし実際には、少子化の進展は婚姻率の低下によるところも大きい点は見逃されてはならない。2000年代には出生数はまだ年間120万人程度あったが、若年人口が急激に減少する2030年代に入ると、少子化傾向はさらに加速してしまう。政府は、「2030年代に入るまでが少子化トレンドを脱却するラストチャンス」としている。

少子化対策関連法案が成立

合計特殊出生率1・20という衝撃的な数字が発表されたその日に、奇しくも少子化対策関連法案が参院本会議で自民、公明両党の賛成多数で可決された。衆院では既に可決されていたことから、これで同法案は成立した。

2023年年初に岸田前首相は、「異次元の少子化対策」を講じる考えを明らかにした。その後、与野党間などでの議論を経て、2024年2月に政府は「子ども・子育て支援法」などの改正案を閣議決定した。2024年度から2026年度までの3年間で集中的に少子化対策を行う「加速化プラン」では、最終年度に年3・6兆円の予算が充てられる。

その中で最大の予算規模となる児童手当の拡充については、児童手当法を改正し、高校生にも対象を拡大した。さらに、第3子以降への給付額を倍増させ、所得制限を撤廃した。今までの児童手当は、4か月分ずつ年3回に分けて支給されてきたが、これを、2か月分を年6回支払う方式へと見直し、2024年10月分から実施が始まった。

また、子ども・子育て支援法などを改正し、親の就労に関係なく子どもを預けられる「こども誰でも通園制度」を2026年4月から始める。生後6か月～2歳で、保育所や幼稚園などに通っていない「未就園児」がこれを利用でき、2026年度には月10時間以上の利用を目安に全自治体で実施する予定だ。また、妊娠時と出産時に計10万円相当を支給する「出産・子育て応援交付金」を恒久化する。

少子化対策には、共働き・共育ての推進も盛り込まれる。雇用保険法などを改正して、育児休業給付は両親がともに14日以上取得した場合、最大28日間、休業前の手取りの実質10割へ給付額を引き上げる。2歳未満の子どもを育てる短時間勤務者に対しても、新たな給付制度が創設される。

しかし、児童手当の拡充を柱とするこれらの少子化対策は、出生率の引き上げなどに十分な成果を上げてこなかった従来型の対策の延長線上、との印象が否めない。過去の政策の効果を慎重に検証、分析したうえで、費用対効果にも配慮して新たな政策を検討すべきであったが、実際にはそれらが十分になされなかったように思われる。

子育ての負担が女性に偏っており、女性にとって引き続き子育てと仕事の両立が難しいことや、産休、育休がキャリアの障害になることなどが、出生率の上昇を阻んでいる面がある。育休の取得率は女性が8割超であるのに対して男性は14％程度と低く、しかも取得期間の多くが2週間未満と短い。

女性の子育ての負担を軽減する配偶者の意識をさらに高めていくことや、出産し子育てをする女性に対して、企業内でのキャリアに配慮するような企業の意識のさらなる変革も必要だろう。

いずれにせよ、給付を増額するといった単純な経済的支援だけでは、深刻な少子化の問題は簡単には解決しないのではないか。

浮かび上がる少子化対策の課題

既に指摘したように、政府の新たな少子化対策は既婚者への支援が中心となっている。しかし実際には、少子化の進展は、既に見たような婚姻率の低下によるところも大きいのである。

児童手当の支給年齢の引き上げ、所得制限の撤廃、多子世帯への加算は、それぞれ子どもを持つことのインセンティブを一定程度高める方向に働くだろう。しかし、その効果がコストに見合ったものになるかについては、十分に検討すべきだった。そもそも、所得制限の撤廃は適切ではなかったように思われる。高額所得世帯が新たに児童手当を受け取っても、それが子どもを持つことのインセンティブを高める効果は低いためだ。

さらに、人口減少対策としては、後に見るように、外国人材の積極的な受け入れも重要な選択肢となるだろう（本章第3節）。外国人が労働供給、需要の両面から日本の潜在成長率を押し上げるとの期待が企業の間で高まれば、企業は中長期の成長率見通しを引き上げ、それに対応して設備投資を拡大させることが期待される。それは、設備の増加と生産性の向上を通じて、潜在成長率をさらに押し上げることにもなるはずだ。それは出生率を押し上げる効果も生むのではないか。

少子化は「静かなる有事」

少子化の進展は、日本経済の成長力を低下させ、国民の生活水準の改善を妨げてしまう。また、年金・医療など社会保障制度の安定性・持続性も大きく揺るがしてしまう。この点から、少子化は、「静かなる有事」とも呼ばれている。

経済、社会の安定の観点から、少子化対策は政府の優先課題であることは疑いがない。人口が急速に減少を続ければ、将来の労働力が減少していく一方、消費者の数も減少していくことになる。つまり、供給面、需要面の双方から日本経済の将来は先細りとなっていくのである。人口が減少する中でも、労働生産性上昇率が急速に高まればそうした事態は回避できるが、それは簡単ではない。

人口減少によって日本経済が先行き成長する有望な市場ではないと考えれば、企業は国内での設備投資に慎重になるだろう。生産活動に投入する機械などの設備投資が増加しなければ、新たな設備や技術を利用して労働者が生産性を大きく引き上げることは難しい。このように、人口減少は労働生産性上昇率や日本経済が成長する力を示す潜在成長率を低下させてしまうのである。

成立した少子化対策関連法の実効性にはなお疑問が残ることから、同法の成立を持って、少子化への取り組みを一段落させることがあってはならない。政府及び社会は、引き続き最大限の強い危機感を持って、少子化対策の取り組みを今後さらに加速させていくことが求められる。

第2節

少子化対策の源流を探る

特殊合計出生率は1970年代から低下傾向

日本では、1990年に合計特殊出生率が1・57まで低下するいわゆる「1・57ショック」が生じ、それによって少子化の厳しい現状が国民の間に初めて広く認識されるようになった（注1）。しかし、さらに遡れば1970年代には既に、少子化問題の深刻さは専門家の間では指摘されていた。それでも、具体的な対策は長らく講じられてこなかったのである。

第二次世界大戦直後の日本では、1947年から1949年に第一次ベビーブームが起こった。この3年間の年平均人口増加率は、実にプラス2・6％に達した。この期間に生まれた世代は「団塊の世代」と呼ばれている。

戦後の日本では、経済成長によって所得水準が向上する一方、国民皆保険・皆年金など社会保障制度の整備や医療技術の向上等によって、生活環境は大きく改善していった。そうした環境のもとで、1975年前後までの合計特殊出生率は、人口を維持する目途となる2・1前後で推移していた（図表6－1）。

図表６－１　出生数と合計特殊出生率の長期推移

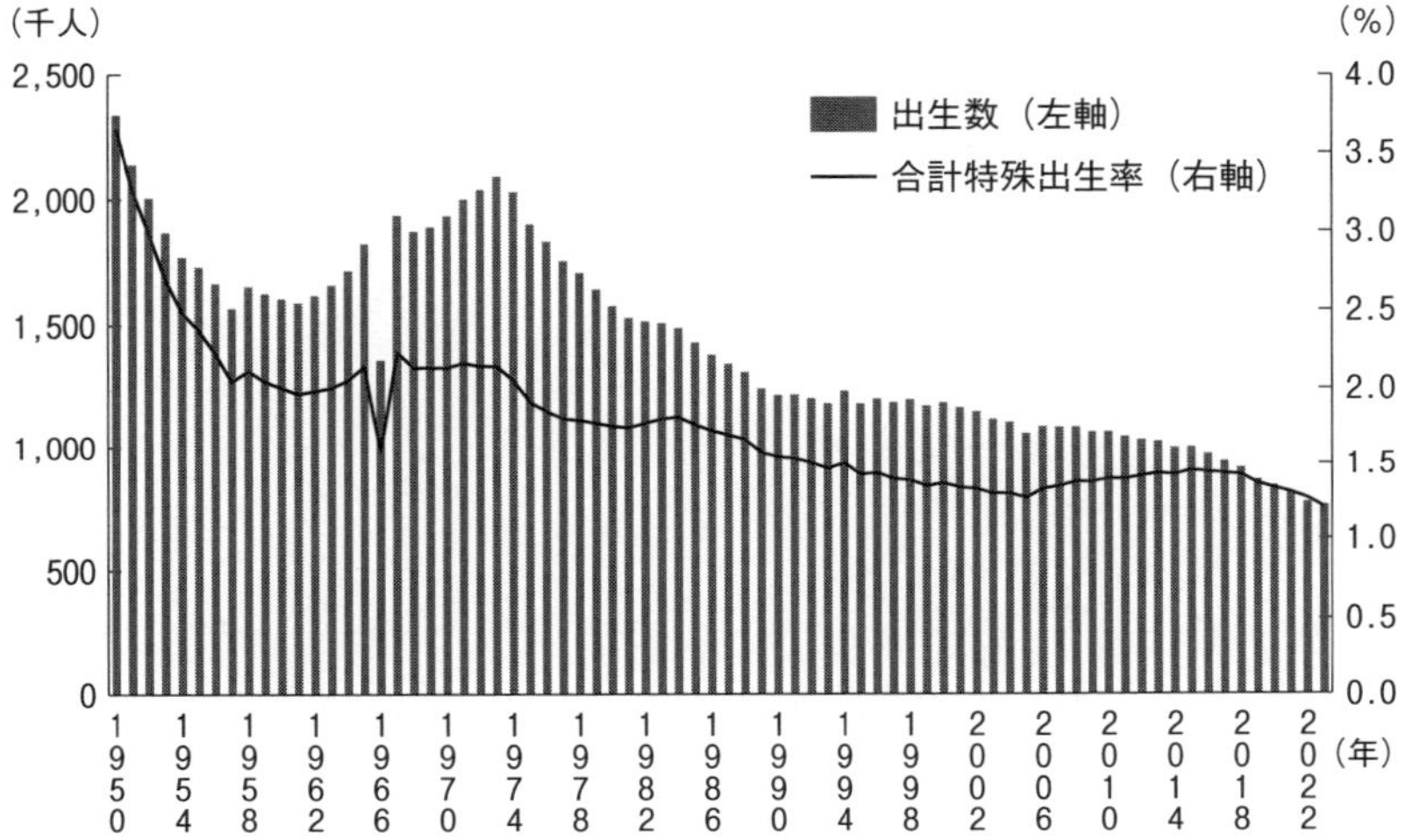

（出所）厚生労働省「人口動態統計」より野村総合研究所作成

１９７１年から１９７４年には、第二次ベビーブームが起こった。これは、第一次ベビーブームで生まれた団塊の世代が多く子どもを持った時期であり、この期間に生まれた世代は「団塊ジュニア」と呼ばれる。しかし、第二次ベビーブーム以降、日本は少子化の一途を辿り、第三次ベビーブームは起こらなかったのである。

第二次ベビーブーム以降は、第一次オイルショックによる成長率の下方屈折も影響し、出生率は低下傾向に転じていった。１９７５年に合計特殊出生率は２・０を割り込み１・91にまで低下した。

低下し続ける合計特殊出生率は１９８０年代初めに一時下げ止まったものの、１９８０年代半ばから再び低下し続け、人口を維持する目途となる２・１前後の水準からの乖離は拡大する一方となった。そして、２０１１年以降にはついに、人口は毎年減少を続ける人口減少局面に入っていったのである（図表６－２）。

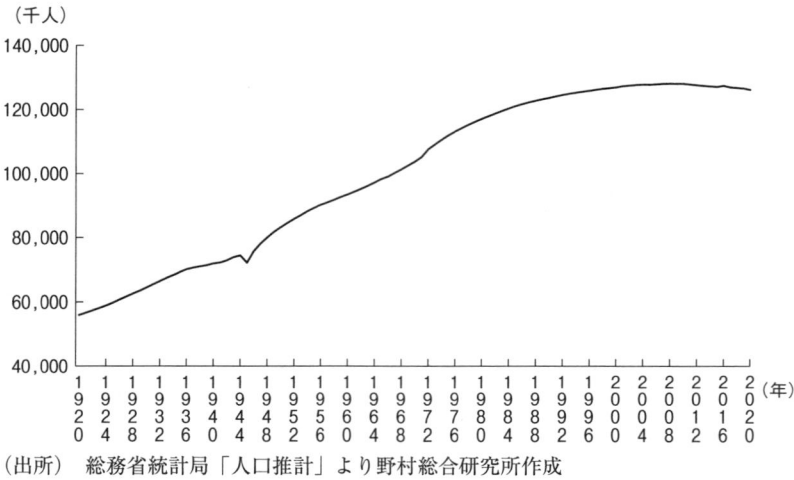

図表６－２　日本の人口の長期推移

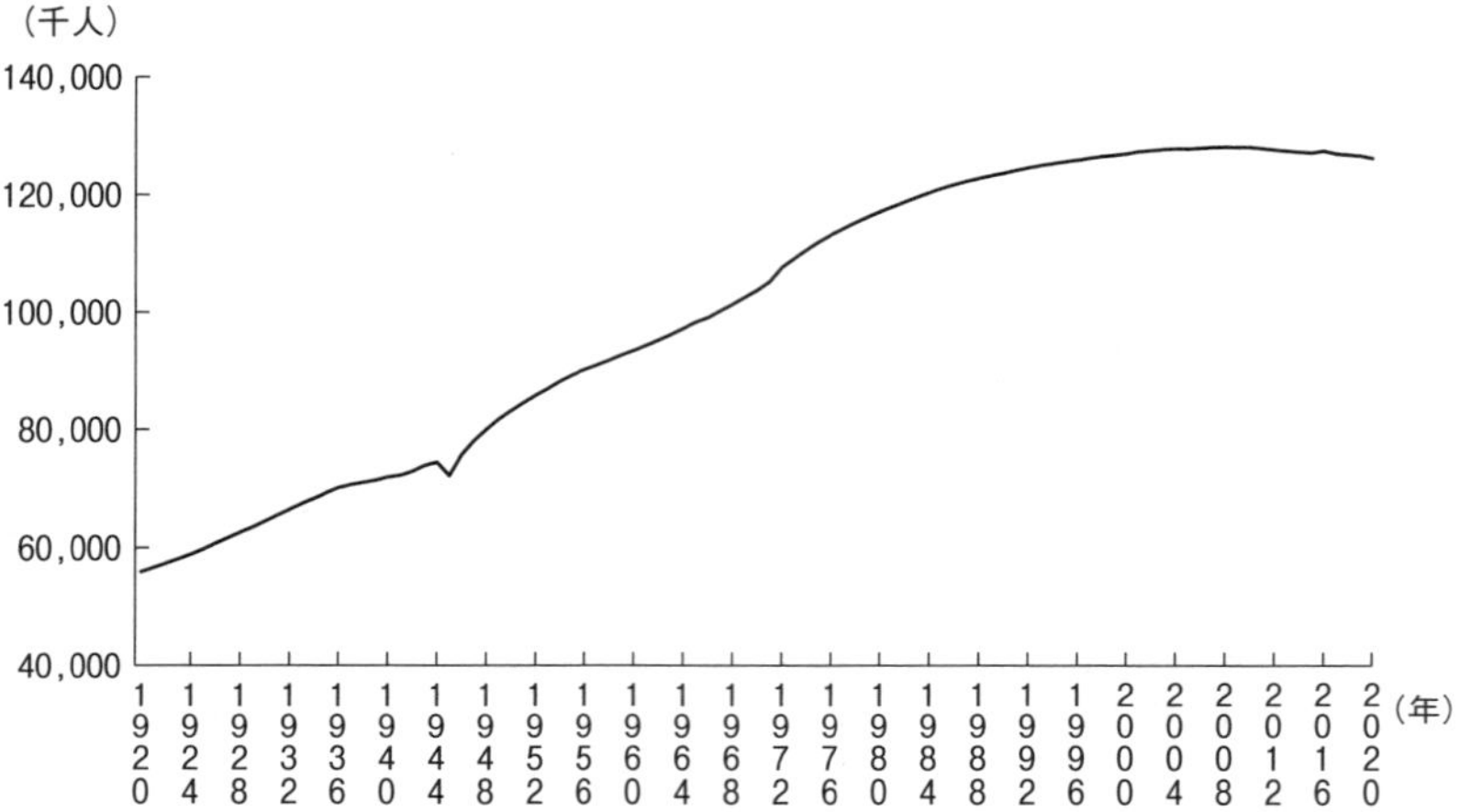

（出所）　総務省統計局「人口推計」より野村総合研究所作成

少子化の原因は何か

少子化が進む原因としては、既婚者の女性の出生率が低下したこと以外に、非婚化、晩婚化の影響も考えられる。１９７０年代後半から20歳代女性の未婚率が急激に上昇した。さらに、結婚の年齢が上がる晩婚化も始まった。

１９８０年代に入ってからは、30歳代以上の女性の未婚率も上昇し、晩婚化と非婚化が同時に進むこととなったのである。また１９８０年代以降になると、晩婚化、晩産化によって、20歳代の出生率が大幅に下がり、30歳代の出生率が上昇した。年齢別に見た出生率の山が後ずれしていく動きが見られるようになった。

さらに、１９８０年代末のバブル崩壊後には、収入が低く、雇用が不安定な男性の未婚率が高まる、非正規雇用や育児休業が利用できない職場で働く女性の未婚率が高まるなど、新たに経済的要因が晩婚化、非婚化、出生率の低下に顕著に影響するようになったと考えられる。

１９８５年には男女雇用機会均等法が成立し、女性の社会進出が進んだ。しかし一方で、企業内で子育て支援の体制が十分でないこと、長期の育児休業の取得に対する理解が十分でないこと、また長期の育児休業の取得が昇格に不利に働くとの懸念などが、子どもを産むという選択に影響した可能性が考えられる。

それ以外にも、女性の社会進出や価値観の多様化なども、晩婚化、非婚化、出生率の低下を後押ししただろう。単身生活の便利さが高まることや、結婚や家族に対する価値観が変化していることなども、未婚化・晩婚化に繋がっているものと考えられる。

1990年の「1・57ショック」後にようやく本格化した少子化対策

１９９０年に合計特殊出生率が一気に2・0を大きく割り込む、いわゆる「1・57ショック」が生じたことで、厳しい少子化の現状が広く認識されるようになった。しかし、最初の総合的な少子化対策である「エンゼルプラン」がまとめられたのは１９９４年、少子化社会対策基本法が制定されたのは２００３年と、政府の対応は決して迅速ではなかった。

１９９４年に最初の総合的な少子化対策となる「エンゼルプラン」が策定され、仕事と子育ての両立に向けた雇用環境の整備や、保育所の増設、延長保育、地域子育て支援センターの整備等の保育サービスの拡充などが図られた。さらに、１９９９年の「少子化対策推進基本方針」「新エンゼルプラン」、２００１年の「仕事と子育ての両立支援等の方針（待機児童ゼロ作戦等）」等により、少子化対策が次々と実施されてきた。しかしそれでも、急速な少子化の流れを変えるまでには至らなかったのである。

そこで、有効な少子化対策が再度検討され、2002年には「少子化対策プラスワン」が政府でまとめられた。それまでの少子化対策は、子育てと仕事の両立を支援する観点から、保育に関する施策が中心であった。しかしそれでは、十分な成果を上げられなかったことから、子育てをする家庭の支援や社会全体で子育て支援に取り組むといった視点が新たに加えられたのである。

そこでは、男性を含めた働き方の見直しや、国、地方公共団体、企業等の様々な主体が計画的に積極的な取り組みを進めていくことが求められた。

2003年には議員立法による「少子化社会対策基本法」が制定され、少子化対策を総合的に推進することが目指された。また、内閣においても2003年に内閣府特命担当大臣（青少年育成及び少子化対策担当）が設置された。

このように2000年代に入ってから、少子化対策がようやく環境整備されていき、関連予算も徐々に措置されるようになっていった。その奏功もあってか、2000年代後半には合計特殊出生率の継続的な低下が収まって、僅かながら増加に転ずる兆しが見え始めた。それでもなお、厳しい少子化の進行を背景に、2012年には社会保障・税一体改革の一環として、子ども・子育て関連3法が成立した。そこには、認定こども園・幼稚園・保育園に対する財政支援の一本化、幼保連携型認定こども園の認可・指導監督等の一本化と設置の促進、などが含まれた。

しかし、2006年から2014年の間、出生率が緩やかに上昇していく中で、少子化に対する社会の警戒感は、一時期と比べて薄れていったように思われる。それも影響してか、2010年代後半には出生率は再び緩やかに低下した。出生率を一気に低下させたのは、2020年の新型コロナウイルス問題だ。これは、人と人との接触を避ける傾向を生み、世界同時で出生率の低下をもたらしたのである。

多くの国では、新型コロナウイルス問題による出生率の低下は一時的な現象で終わり、ほどなくして出生率は持ち直したが、日本では急速な低下傾向が続いたのである。２０２２年には合計特殊出生率は１・30を割り込み１・26と２００５年の過去最低水準と並んだ。

これを受けて岸田政権は２０２３年年初に「異次元の少子化対策」を打ち上げ、それは２０２４年に法制化された。しかし、既に見たように、その有効性にはなお疑問が残るところだ（本章第１節）。

第3節

外国人技能実習制度の見直しと外国人材の活用

外国人材活用を視野に「技能実習制度」を「育成就労制度」に

開発途上地域等への技能、技術、知識の移転を通じて国際協力を推進することを目的に、政府は1993年に外国人向けの「技能実習制度」を創設した。しかし、この制度は、本来の目的から離れ、単なる労働力確保の手段となっていること、技能実習生が低賃金で長時間労働を強いられること、パワハラやセクハラなどの人権侵害のリスクが生じていること、さらに、技能実習生の中には、不適切な待遇や労働環境に耐えかねて失踪するケースが増えるなど、多くの問題を生じさせた。

そこで政府は、「技能実習制度」を廃止して、新たに就労を通じた人材育成と人材確保を目的とする「育成就労制度」の創設などを盛り込んだ、「出入国管理及び難民認定法及び外国人の技能実習の適正な実施及び技能実習生の保護に関する法律の一部を改正する法律」を2024年6月14日に成立させた。3年以内の政令で定める日に施行される。

衆院の審議では、育成就労外国人が大都市圏等に過度に集中して就労することとならないようにする措置を講じること、法施行後3年を目途に育成就労制度のあり方について検討すること、などの修正が行われた。

この育成就労制度では、外国人の在留資格である「特定技能」で受け入れている産業分野を軸に検討される「育成就労産業分野」において、特定技能1号の技能を有する人材の育成を目指すことになる。つまり既存の「特定技能」と連動させることで、一定の技能を有する人材を育成するとともに、当該分野における人材を確保することが、制度の目的と規定された（注2）。

受け入れ先の企業等は原則3年の就労期間で業務や技能、日本語能力等の育成を行うが、技能実習制度では認められなかった本人の意向による転籍も、後に見るように一定の要件のもとに同一業務区分内に限り可能とされた。

一方、技能実習制度における監理団体に代わり「監理支援機関」を設けて、外部監査人の設置を許可要件とするなど、中立・独立性を担保した。また、「外国人技能実習機構」に代わる「外国人育成就労機構」を設立して、育成就労外国人の転籍支援や、特定技能1号の外国人に対する相談援助業務などが追加された。

「転籍」の規制緩和が大きな論点に

この育成就労制度創設に向けた議論の最終段階では、3年間の技能実習制度の中で、他の企業に転職する「転籍」を認める条件を巡って議論が紛糾した。有識者会議事務局が２０２３年10月に示した案では、希望者には1年を超す就労と、日本語と技能の基礎試験合格を要件に、従来の制度では認められていなかった同業種内での転職を認めることとしていた。ところが11月中旬に示された案では、特定の就労分野で2年目の待遇改善を条件に、転職制限を「最大2年」に延ばせるという例外規定が経過措置として盛り込まれたのである。

こうした修正の背景には、「早期の転職では、企業が技能習得に投入する投資が十分に生かされない」「都市部に人材が流出してしまう」との懸念が企業側、そして与党内で高まったことがある。

これに対して、労働者の権利擁護活動を行う弁護士団体の日本労働弁護団は、別の企業などへの「転籍」を制限してきたことが人権侵害の温床になってきたなどとして、「転籍」について無用な要件を設けないよう求める緊急声明を出した。

転籍の自由を認めることが実習生の人権擁護、職場環境の改善に繋がる

日本労働弁護団が指摘するように、従来は、転籍の制限が外国人実習生の人権が侵害される温床となってきたという面があることは、否定できないところだ。この点から、できる限り制限を緩めることが重要であり、それこそが技能実習制度見直しの中核であるべきだったのではないか。

冒頭で述べたように、技能実習制度は「人材育成による国際貢献」「途上国への技術移転」を建前としていたが、実際には安価な労働力を確保する手段に使われていた面が強かった。そして、低賃金、長時間労働、一部では雇用者への暴力などの人権侵害もあったとされる。実習生が原則3年間は勤務先を変えられないことが、こうした人権侵害を助長した面があったのではないか。

法務省関係者によると（読売新聞）、2023年の失踪者は速報値で9753人に上り過去最多を更新した。こ

ここ数年で失踪者は増加傾向にあり、2020年は5885人で2022年は9006人だった。転籍制限をできる限り緩和することこそが、実習生の人権擁護強化に向けた第一歩だろう。

実際に転籍するかどうかは、実習生の希望次第であるが、企業での技能の習得、給与、労働時間などでの処遇が十分に満足できるのであれば、実習生はそもそも途中で他企業への転籍を希望しないだろう。転籍の自由を認めることは、市場原理を通じて実習生の人権擁護、職場環境の改善に繋がるものと考えられる。

制度の見直しを受けて実習生の処遇を高めることは、企業にとっては負担となるが、企業はこれを、人手不足問題への対応を進める対価と捉えるべきではないだろうか。

ただし制度の見直しによって増える企業の負担には、一定程度の配慮もまた必要となるだろう。これまでは、3年間の実習が終了した後に、実習生は試験を経ずに、一定の専門性・技能を有する外国人の在留資格である「特定技能1号」に移行し、同じ企業で働き続けることもできた。

しかし新制度のもとでは、技能や日本語の試験に合格することが、新たに移行の条件となる。企業が外国人労働力の利用を継続するためには、技能や日本語の習得を助けることを条件とすることが検討されている。

また、実習生本人が支払う来日前の費用についても、企業側に一定程度の負担が求められることも検討されている。制度の見直しが実習生を受け入れる企業にとって過度の負担とならないよう、今後は具体的な制度設計を慎重に進める必要があるだろう。

ところで、転籍要件の緩和によって、高い賃金に惹かれて地方部から都市部へと人材が流出する、との懸念については、強い根拠はないのではないかとも思われる。最低賃金、そして実際の賃金水準に地域間格差があることは確かだ。しかしそれは、生活費の地域間格差と対応している面があり、賃金水準が高いことだけで、人材が地方から都市部に移ることにはならないのではないか。

実習生に選ばれる日本、選ばれる企業となることが重要

1993年に技能実習制度が創設された30年前と現在とでは、実習生を取り巻く日本の経済環境は大きく変わっている。経済の成長力低下を背景に、日本はその後30年間程度、名目賃金の水準がほぼ横ばいにとどまった。さらに過去10年には円安が進行したことで、外国人労働者にとって、日本の賃金水準の魅力は大きく低下してしまった。そのため、アジアからの外国人実習生も、韓国など日本以外の国に流れる傾向が強まっている。

そうした中で、日本が外国人実習生を労働力として確保していくためには、技能の習得をしっかりと支える企業側の努力が欠かせないだろう。

実習生を受け入れる制度は、実習生によって選ばれる日本、選ばれる企業となることを優先に考え、人権、処遇の面で実習生に十分に配慮したものに見直していく必要がある。その際に重要なのは、既に見た転籍の自由など「市場原理」を最大限導入することではないか。

実習生の転籍の要件や特定技能1号への移行の要件に、一定水準の日本語検定の習得が設定される。しかし、就業しながらの日本語習得は容易ではなく、それが実習生の過度な負担、さらに企業にとっての過度な負担とならないように配慮する必要もあるのではないか。

実習生、外国人労働者側に日本語習得を通じて日本社会に馴染んでいくよう求めるばかりでなく、行政などが外国語サービスを拡大させることで、外国人を社会に取り込む、共生を図る取り組みもまた重要だ。

外国人による労働の受け入れ拡大には、外国人との共生が必要であり、言葉の面でのサポートや外国人労働者の子女の教育面での支援も重要だ。この点で、国と地方公共団体の果たすべき役割は大きいだろう。

技能実習制度の廃止、新たな「育成就労制度」に中長期の日本経済の成長力強化の視点も

技能実習制度の見直しを日本経済の成長力を取り戻す手段、つまり、成長戦略の一つとして位置付けていくことも重要なのではないか。

2023年には、より高度な技能を取得した特定技能2号の枠の拡大が決定された。特定技能2号は、在留期間に制限がなく、また母国から家族の呼び寄せも可能となる、事実上、移民受け入れに近い制度とも言えるだろう。

育成就労制度は、特定技能1号と連携する方針だが、さらに特定技能2号にも繋げていくことが重要ではないだろうか。そうして、質の高い外国人労働力を長期間確保していく枠組みの入り口の役割を十分に果たすように、新たな育成就労を機能させるべきだ。この点については、本章第4節でも再度議論しよう。

移民受け入れに近い面もある特定技能2号制度の拡大にはなお国民的議論が必要だろうが、質の高い外国人労働力を長期間確保し、さらに家族の呼び寄せを認めることは、労働供給の長期の拡大や出生率の上昇などに繋がるものであり、日本経済の潜在力を向上させる重要な手段の一つと考えられる（本章第1節・第4節）。

第4節

「外国人1割社会」で日本経済は再生できるか

人口減少危機への対応として外国人受け入れを拡大

民間有識者による令和臨調は2023年6月21日に、人口減少下での日本社会の未来像を提案する呼びかけの第一弾「人口減少危機を直視せよ」を公表した。この中で、「もはや少子化対策だけでは日本の急激な人口減少を食い止めきれない」として、「日本社会をますます開かれたものとし、外国出身者を含め、世界の多様な地域から集まった人々が力を合わせ、互いに学び合うことができる環境を整備したい」と謳った。つまり、外国人の積極的な受け入れを、人口減少への対応策として打ち出したのである（本章第3節）。

国立社会保障・人口問題研究所が2023年4月に公表した日本の将来人口推計（令和5年）では、中位仮定のもとで、2070年の人口は8700万人と、2023年の推計値1億2441万人から30％の大幅減少になるとされた。

しかし、2070年時点の人口の推計値は、5年前の前回調査（平成29年）の8323万人からわずかに上方修正されている。これは、外国人の推計値（国内滞在期間90日超）が上方修正されたことによるものだろう。

2022年6月末時点の在留外国人数は296万1969人（出入国在留管理庁）である。さらに人口推計では、外国人は2022年以降毎年16万3791人増加することが前提とされた。その場合、2070年の外国人の人口は、約1082・49万人となる計算だ。これはその時点の推計人口全体の12・4％に相当する。

2022年時点での外国人比率は2・4％である。その比率が約50年後の2070年には12・4％まで上昇する、つまり外国人の比率が現在の50人に1人強から10人に1人強にまで高まるのである。それは日本社会にとってはまさに劇的な変化と言える。

仮にそうしたことが現実となる場合、その過程では社会的に様々な課題を生むことになるだろう。外国人を日本社会に受け入れていくための環境整備、外国人子女の日本での教育問題などだ。

他方で、経済的には大きなプラス効果を生むことになる。外国人が労働供給と需要（消費）の両面から、人口減少が進んで活力を低下させる日本経済を支えることになるだろう。今後も拡大が予想されるインバウンド需要の拡大と相まって、大きな経済効果を生むことが期待される（第5章第4節）。

外国人材の積極活用による具体的な成長戦略を描け

ただしこの推計は、外国人の年間純増数（国内滞在期間90日超）を、2022年の推計値16万3791人で先行き横ばいとなることを前提としたものだ。日本人の人口が減少する中、一定のペースで外国人が増えていくことで、50年後には10人に1人超が外国人になるという計算の結果である。

図表６－３　人口（労働供給）変化の潜在成長率への影響

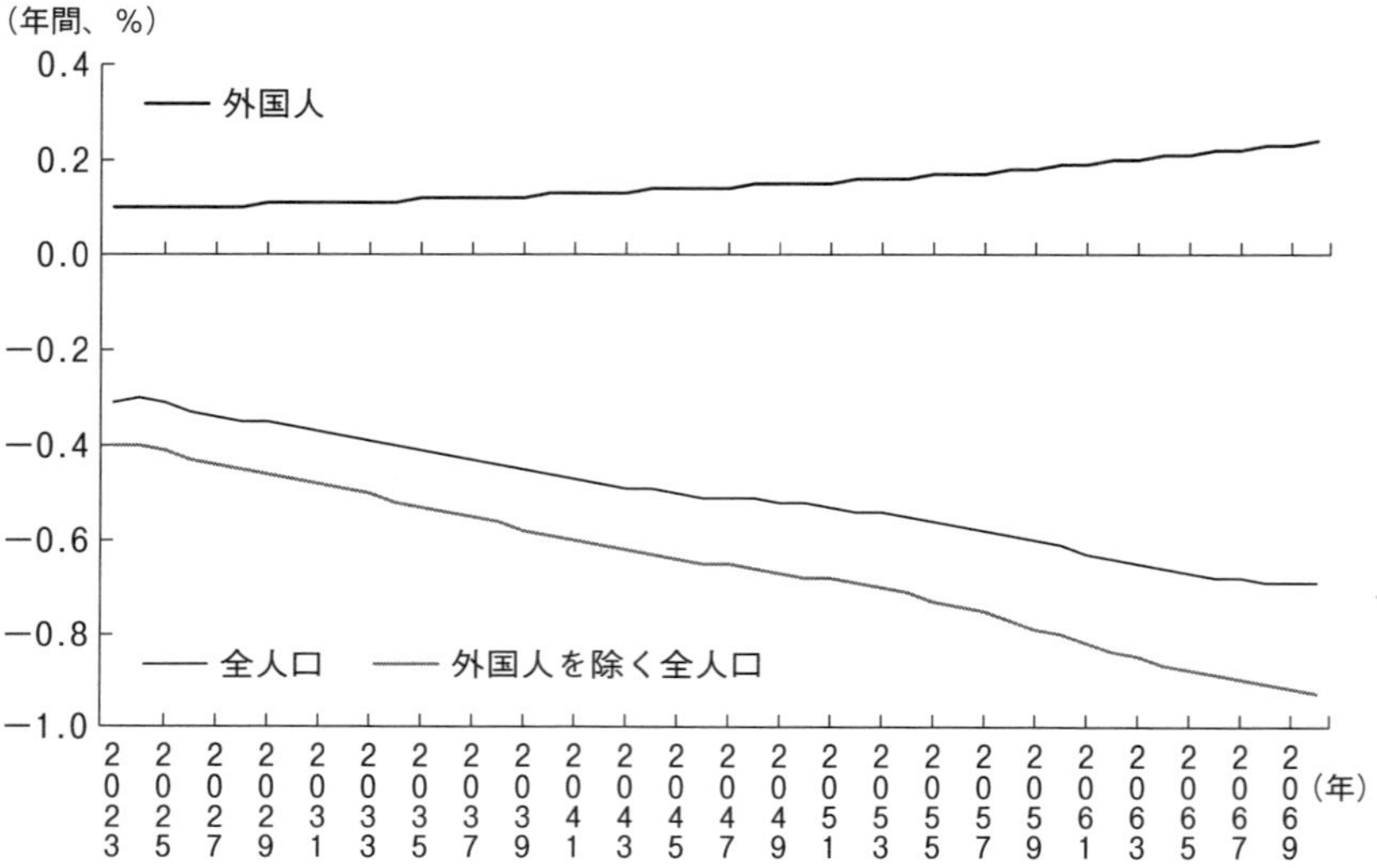

（注１）　日本人、外国人ともに人口に占める就業者数の割合は一定とする
（注２）　内閣府推計の資本分配率0.33から推計
（出所）　国立社会保障・人口問題研究所「日本の将来推計人口（令和５年推計）」より野村総合研究所作成

政府は、このように、機械的な推計の結果として外国人比率が２０７０年に１割に達することを示すのではなく、外国人と共生できる社会を目指して、外国人を積極的に活用することを日本経済の再生に繋げるように、具体的な戦略を描いていく必要があるのではないか。そのうえで、外国人比率１割などを正式な目標として掲げるべきではないか。それが令和臨調の主張するところなのだろう。

ちなみに、将来人口推計（令和5年）が前提とするペースで日本における外国人の数が増えていく場合、それは日本の潜在成長率に相当のプラスの効果をもたらす計算となる。

ここでは、日本人、外国人ともに人口に占める労働力、つまり就業者数の比率が一定であることを前提にする。そのもとで、人口の減少率は２０７０年にかけて加速的に低下していくことから、労働供給が潜在成長率に与える影響

図表6－4　人口（労働供給）変化の潜在成長率への影響（年間平均、％）

	全人口	全人口（除く外国人）	外国人
2020年代	−0.327	−0.428	0.101
2030年代	−0.408	−0.523	0.115
2040年代	−0.417	−0.534	0.117
2050年代	−0.562	−0.730	0.168
2060年代	−0.659	−0.869	0.210
全期間	−0.475	−0.617	0.142

（注1）　日本人、外国人ともに人口に占める就業者数の割合は一定とする
（注2）　年間平均（％）
（注3）　内閣府推計の資本分配率0.33から推計
（出所）　国立社会保障・人口問題研究所「日本の将来推計人口（令和5年推計）」より野村総合研究所作成

は、そのマイナス幅が一貫して拡大していく形となる。

他方、2070年に人口全体の12・4％まで増加する外国人（労働力）によって、そのマイナス幅の拡大は一定程度抑えられる。外国人の増加による各年の潜在成長率への効果は、2070年にかけてプラス幅を拡大させていき、2023年の年間プラス0・10％から、2070年にはプラス0・24％まで高まる（図表6－3・図表6－4）。

ちなみに、向こう50年の年間平均値で見ても、その影響は年間プラス0・14％である（図表6－4）。内閣府が推計する潜在成長率が、最新の2024年4～6月期でプラス0・6％にとどまる点を踏まえると、外国人の増加が日本の潜在成長率に与える影響はかなり大きいと評価できるだろう。

外国人増加の潜在成長率への影響は試算結果よりもさらに大きいか

上記は、外国人労働者の増加が潜在成長率に与える直接的な影響を試算したものだ。ただし、外国人の増加が、労働供給、

需要の両面から日本の潜在成長率を押し上げるとの期待が企業の間で高まれば、企業は中長期の成長率見通しを引き上げ、それに対応して設備投資を拡大させるだろう。それは、資本ストックの増加と生産性（ＴＦＰ：全要素生産性）の向上を通じて、潜在成長率をさらに押し上げることになるはずだ。

また、外国人労働者の増加という労働者の多様性の拡大が、企業経営に刺激を与え、経済効率の向上に貢献する可能性も考えられるだろう。

こうした点を考慮に入れると、外国人が政府の人口推計の通りに増加する場合には、それが潜在成長率に与える影響は、上記の試算値よりも大きくなることが期待されるのである。

外国人労働者の積極活用、移民政策の導入をタブー視しない

政府は２０２３年6月9日に、人手不足対策として、外国人労働者の在留資格である「特定技能2号」の対象を、現在の2分野から11分野にまで広げる方針を閣議決定した。

この特定技能制度は国内の労働力不足に対応するために２０１９年に導入された制度だ。一定の技能が必要な特定技能1号と、熟練技能が求められる特定技能2号とがある。特定技能2号では、事実上無期限の在留や家族の呼び寄せが可能となる。２０２３年3月末時点で1号の対象者は15万４８６４人であったのに対し、2号の在留者は11人しかいなかった。

現時点では、自民党保守派などからの反発や国民の慎重な意見を踏まえ、特定技能制度の見直しは「移民政策とは異なる」というのが政府の公式見解だ。

しかし、人口減少が進む中、国内の労働供給を拡大させるためには、同制度の積極的な見直しを通じた外国人労働力の活用が必要なのではないか。また、人手不足期に一時的に外国人労働者を受け入れるだけでは、経済の潜在力向上には繋がらない。外国人労働者の長期滞在や家族呼び寄せも認め、労働供給、消費の両面から中長期的に日本経済に貢献すると期待が高まることで、初めて企業の投資が促され、潜在成長率の上昇に繋がるだろう。そのためには、長期在留が可能な特定技能2号の枠をさらに大幅に拡大させていくことが必要となる。

日本には移民政策が存在しないと言われている。政府は、「国民の人口に比して、一定程度の規模の外国人を、家族ごと期限を設けることなく受け入れることによって国家を維持していこうとする政策」を移民政策と定義する。その一方で、現在のように「専門的、技術的分野の外国人を積極的に受け入れること」は移民政策とは異なる、との説明をしてきた。移民受け入れに対する与党内や国民の間の慎重論にも配慮してきたのである。

しかし日本の経済、社会を大きく不安定化しかねない危機的な人口減少への対応として、移民政策の導入もタブー視せずに議論を進めていく必要があるのではないか。現在は、「特定技能2号」の枠拡大が、なし崩し的に移民政策の導入へと繋がっていく様相を帯びてきている。それを国民的議論へと発展させたうえで、中長期のビジョンを明確にしながら、戦略的に移民政策を正面から考えていくことが重要だ。

第5節

世界の人口動態変化と世界経済

インドとアフリカの人口増加が顕著に

少子化、高齢化、人口減少といった人口動態の変化は、経済成長のトレンドに大きな影響を与える。日本で顕著なように、労働力人口がすう勢的に減少していくと、高齢者の労働力活用、外国人材の活用などを進めない限り、労働投入量の減少が経済成長にマイナスの影響を与えることは避けられなくなる。

国際連合（国連）経済社会局による推計を見ると（注3）、世界の出生時平均余命（平均寿命）は、2100年にかけて高まっていく見通しだ。背景には、医療の普及や医療技術の進歩などがあるだろう。これに対して出生率は、比較的線形に低下していき、2070年には、人口の増減が均衡するとされる出生率の水準である2・10を下回る見通しである（図表6－5）。

国連の推計では、2024年の世界の人口はおよそ82億人であり、今後60年程度は増加を続ける見通しだ。

国連の2023年中盤時点での推計によると、インドの人口は14億2860万人を超え、中国の14億2570万

図表6－5　世界の出生率と平均寿命の見通し

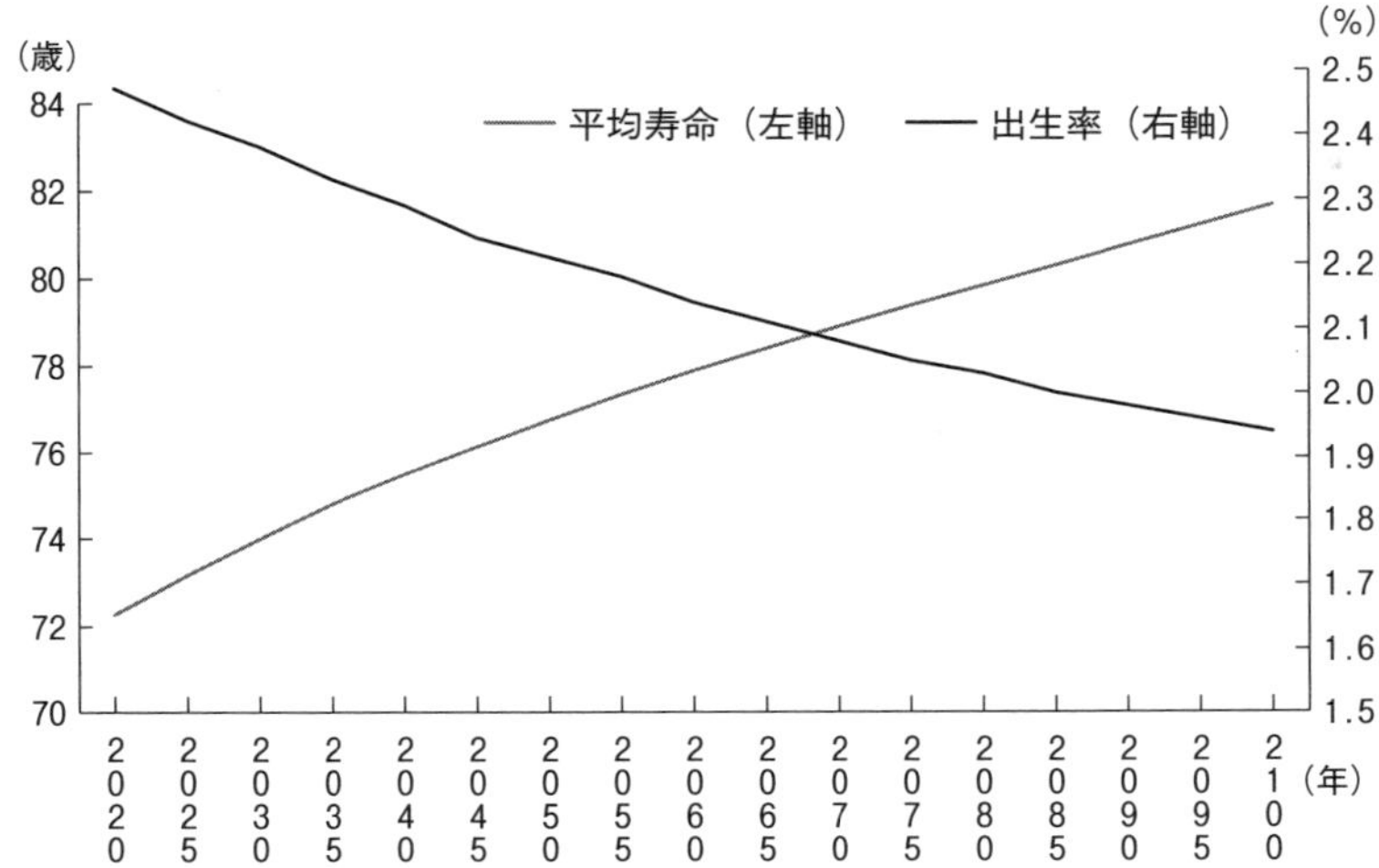

（注）　平均寿命は出生時平均余命
（出所）　国際連合経済社会局より野村総合研究所作成

人を若干上回った。中国は世界一の人口という座をインドに明け渡したのである。

他方、現在世界7位のナイジェリアは急速に人口が増加しており、2050年時点では、インド、中国に次いで人口で世界第3位に浮上している見通しだ。2100年時点でも、世界の人口第1位はインド、第2位は中国、第3位はナイジェリア、第4位は米国、という順位が維持される見通しだ（図表6－6）。

2100年には人口の上位10か国にアフリカ地域の5か国が入ることになるなど、インドとアフリカの人口増加が顕著である。ちなみに、日本の人口は2100年には2020年に比較して4～5割程度も減少する見通しだ。

労働力人口比率の低下

労働供給の面から成長率に大きな影響を与える労働力人口比率（生産年齢人口（15～64歳）に占める労働力

図表6－6　世界の人口ランキング（国際連合推計による人口（中位推計））

2020年

順位	国	人口（億人）	順位	国	人口（億人）
1	中国	14.39	7	ナイジェリア	2.06
2	インド	13.80	8	バングラデシュ	1.65
3	米国	3.31	9	ロシア	1.46
4	インドネシア	2.74	10	メキシコ	1.29
5	パキスタン	2.21	11	日本	1.26
6	ブラジル	2.13			

2050年

順位	国	人口（億人）	順位	国	人口（億人）
1	インド	16.39	7	ブラジル	2.29
2	中国	14.02	8	エチオピア	2.05
3	ナイジェリア	4.01	9	コンゴ民主共和国	1.94
4	米国	3.79	10	バングラデシュ	1.93
5	パキスタン	3.38		⋮	
6	インドネシア	3.31	17	日本	1.06

2100年

順位	国	人口（億人）	順位	国	人口（億人）
1	インド	14.47	7	インドネシア	3.21
2	中国	10.65	8	エチオピア	2.94
3	ナイジェリア	7.33	9	タンザニア	2.86
4	米国	4.34	10	エジプト	2.25
5	パキスタン	4.03		⋮	
6	コンゴ民主共和国	3.62	39	日本	0.75

（出所）　経済産業省「通商白書2022」。原典は国際連合経済社会局

人口（雇用者数と失業者数の合計）の割合）は、日本では１９９０年代の70％弱の水準から、２０５０年には50％程度へと、人口の半分程度にまで低下する見通しだ。長期的な推計で人口が上位となるインド、ナイジェリア、中国、米国においては、日本ほどの急速な低下は予想されていない。

しかし中国と米国では、労働力人口比率は既にすう勢的に低下してきており、インドでも２０５０年以降にすう勢的な低下が見込まれている。一方で、アフリカ地域、特に人口の急速な増加が見込まれるナイジェリアでは、２１００年までは同比率がすう勢的に上昇することが見込まれている。

日本や米国のみならず、Ｇ７（主要7か国）各国では既に労働力人口比率の低下が見られており、実質ＧＤＰ成長率への労働の寄与が低下しやすい局面に入っているのである。

他方、人口の増加が顕著であるアフリカ地域の諸国においては、教育や職業訓練などといった要因の影響は受けるものの、人口動態の変化がなお経済の成長を後押しする局面にある。

メガシティの形成と生活インフラ整備の必要性

中国やインドといった人口規模の大きい国や、ナイジェリアといった今後人口の大幅な増加が見込まれている国では、人口規模に応じてインフラ需要が強まることも、世界経済には影響を与えるだろう。

そしてこうした国々では、国内の都市が大規模化することが予想される。国連の推計によると、人口が１０００万人を超える「メガシティ」の数は、特に発展途上国で先行き増加が見込まれている。２０３５年時点では41都市と予測されるメガシティ数のうちで、18都市のメガシティが中国とインドに存在することになる。

メガシティを含めた大規模な都市が形成される過程では、上下水道等のインフラ整備が重要な課題となってくるだろう。

向こう10年程度を展望すると、日本では東京への人口集中がさらに進展する一方で、その他の先進国（米国、フランス、英国）については、パリでは現状からほぼ一定、ニューヨーク、ロンドンについてはやや低下することが見込まれている。また、インドのデリーのように当面の人口増加が顕著な新興国の大都市においては、複数のメガシティの分散形成により、先進国ほどには一極集中とはならないことが予想されている。

人口が増加し、大規模な都市の数が増加することを踏まえると、生活を支えるためのインフラ整備が新興国では重要な課題となってくる。インドとナイジェリアでは、都市部人口の1割程度は住居から往復30分以内で飲料水を入手できず、飲料水の整備に比較して衛生サービスと居住空間の確保がさらに遅れている点が共通している。また、都市部で居住空間が確保されている家計の割合は、インドでは１９９０年代に比較すれば低下し、ナイジェリアではすう勢的に横ばいの推移となっている。両国における当面の人口増加を踏まえると、住居の供給が重要な課題となる。そこには潜在的な需要があるだろう。

移民受け入れと高度人材確保の重要性

新興国から先進国への移民は、人口が減少、あるいは労働力人口比率が低下して、労働力が成長の制約となっている先進国の経済にはプラスの影響を与える。他方、移民の送出国については、移民の増加は、受け入れ国からの仕送りが国の所得を増加させるなど、新興国が世界経済へと組み込まれていく過程を促進するだろう。

母国から離れて活躍する高度人材は「ディアスポラ人材」と呼ばれるが、ディアスポラ人材が形成するネットワーク効果は、受け入れ国に高度な知識（Brain Gain）を生み出す重要な源泉ともなるのである。

潜在的な高度人材の動向を示す指標の一つとして、先進国での留学生の割合を見ると、日本では学生全体の中で博士課程相当の高度人材の留学生の割合が低い。同割合は、２０１９年に20・２％と英国の41％、フランスの31％などと比べて低水準である。

人口が減少している日本では、経済成長と技術・イノベーションの優位性を維持及び向上させていくためにも、外国人人材の受け入れ、高度人材の獲得は、人口が減少する中で日本が成長と世界の中での競争力を維持していくために欠かせない政策だろう（本章第３節・第４節）。

〈注〉

1　内閣府「選択する未来―人口推計から見えてくる未来像」２０１５年

2　厚生労働省「育成就労制度の概要」（https://www.mhlw.go.jp/content/11601000/001301676.pdf）

3　経済産業省「通商白書２０２２」第Ⅰ部第３章「第１節　長期の人口動態と経済成長」

第7章

経済安全保障と米中貿易戦争

第1節

日本の経済安全保障

TSMC熊本半導体工場が生み出す大規模経済効果

「経済安全保障」という最近まで聞き慣れなかった言葉が、日本で広く浸透し、さらにプラスのイメージも持たれるようになるきっかけの一つとなったのは、半導体受託製造大手のTSMC（台湾積体電路製造）が、熊本県で半導体工場を建設したことではなかったか。

TSMCがソニーグループなどとともに2022年4月に着工した熊本工場の投資額は、約1兆2700億円に上る。単独の工場としては、九州で過去に類を見ない規模の事業だ（注1）。TSMCの進出決定後、三菱電機や京セラなど製造業大手も、次々と九州で半導体拠点の新増設を計画した。

九州フィナンシャルグループは、TSMCの進出に伴う熊本県への経済波及効果が10年間で6・8兆円に達するとの試算をまとめ、「100年に1度の規模」とその大きさを強調した。また九州経済調査協会は、TSMCを含む九州の半導体産業の設備投資によって、10年間の経済波及効果が約20兆円にもなる、という推計を公表している。

第1工場は2024年2月に完成した。さらに、TSMCは県内に第2工場を建設すると発表している。2027年末までの生産開始を目指すという。第2工場では、第1工場よりも先端の回路線幅6ナノ（10億分の1）メートルなどの先端半導体を製造する計画だ。第2工場への総投資額は約1兆6900億円と見込まれ、第1工場と合わせて約2兆9600億円に達すると見積もられる。2つの工場で3400人以上の雇用が生まれるとされる。

このプロジェクトは、政府の強い支援によって進められている、いわば国策だ。政府は、第1、第2工場に合計で1兆2000億円程度を補助する見通しだ。総投資額の約4割は国費で賄われることになるのである。

日本は、国内で作ることができない先端半導体の多くを、台湾からの輸入に依存している。しかし、台湾有事が起こり、台湾が海上封鎖されるような事態となれば、先端半導体の調達が難しくなり、自動車部品、携帯電話、液晶パネル、医療用機器、ロボットなどの生産に大きな支障が生じ、経済の大きな混乱は避けられない。この点は、本章第5節で改めて詳しく見よう。

そうした事態を回避する狙いから、TSMCによる先端半導体の国内生産を、政府は強く支援しているのである。重要物資である半導体のサプライチェーンを確保する取り組みは、経済安全保障政策の一環に他ならない。

経済安全保障推進法が成立

岸田前政権の看板政策の一つが、この経済安全保障政策である。その政策遂行のための環境整備を狙った「経済安全保障推進法」が、2022年5月に可決、成立した。

同法は、①サプライチェーン（供給網）強化、②基幹インフラの安全確保、③官民による先端技術開発、④特許の非公開、の4本柱で構成されている（注2）。

これは、米国など他の先進国と連携して、中国など権威主義的な国々に対して経済面からの対応を進める役割を担うものだ。経済安全保障の言葉の意味については、次の第2節で議論するが、政府が民間企業の経済活動への介入を深めることで、より国益を守ることを目指す、というのが経済安全保障政策の本質と言えるだろう。

ただしその結果、企業の負担が高まる、経済活動の効率性が損なわれる、自由競争が歪められる、などの多くの弊害も生じ得る。政府は、規制の対象を限定、明確化させるとともに、経済安全保障の確保と自由な経済活動のバランスに十分に配慮して、同法を慎重に運用していくことが求められる。

同法で特に注目を集めているのが、基幹インフラへの国による「事前審査」と国民生活に不可欠な「特定重要物資の指定」、の2点である。

前者の事前審査の対象となるのは、電気、ガス、石油、水道、電気通信、放送、郵便、金融、クレジットカード、鉄道、貨物自動車運送、外航貨物、航空、空港の14分野である。これらの分野の企業が重要なシステムを導入する際、設備の概要や部品、維持・管理の委託先などの計画を、主務大臣に届け出ることが義務付けられる。

企業が計画書を届け出なかったり、虚偽の届け出をしたりした場合には、「2年以下の懲役か100万円以下の罰金」が科される。また、計画に修正を求める政府の勧告の後に、その命令に従わない場合にも同様の罰則が適用される。

企業にとって大きな負担となることから、事前審査の対象は大企業に限られる。しかし、大企業あるいは大手銀行に対しては、いずれ取引先企業の「特定重要設備」をチェックするように求められるようになる可能性も考えられるところだ。そうなれば、大企業あるいは大手銀行の負担は一層高まることが避けられないだろう。また、中小・零細企業も対応を迫られるだろう。それらは企業の収益を圧迫することにもなりかねない。

特定重要物資の扱いとセキュリティー・クリアランス

後者の「特定重要物資」は、国民生活や経済活動に不可欠で経済安全保障上、安定供給が必要な物資が対象となる。指定された物資を取り扱う事業者は、政府から財政支援や金利負担の軽減というメリットを受けることができる。一方で政府は、これらの輸入や販売を行う企業に対して、調達や保管状況などの報告や資料提出を求める。「特定重要物資」として、政府は半導体、医薬品、レアアース、蓄電池などを例示している。さらに政府は、クラウドサービスを指定することも検討している。政府が保有する機微な情報を外資のクラウドサービスで扱うことには、漏洩など安保上のリスクがあるためだ。

経済安全保障推進法を補強する形で、2024年5月には、「重要経済安保情報の保護及び活用に関する法律」、いわゆるセキュリティー・クリアランス法が成立した。

セキュリティー・クリアランスは、重要なインフラやサプライチェーンに関して国が持っている情報の中で、漏洩すると日本の安全保障に支障を来す恐れがあるものを「重要経済安保情報」に指定し、民間企業の従業員も含め、それらの情報を取り扱う人に対して、本人の同意を得てテロに関わっていないかや犯罪歴の有無などの個人の信頼性を国が事前に調査し、国が信頼性を確認した人に限定する制度だ。

プライバシー侵害の恐れがあるとの慎重意見があったことから、経済安全保障推進法では規定されず、後に別の法律として制定されたのである。

行き過ぎれば経済効率の低下と国民の負担増を招く

サプライチェーン強化のための「特定重要物資」制度は、重要物資の調達が海外、特に特定国に強く依存することを避けることを狙ったものであり、製品の「国内回帰」「国産化」を促す政策でもある。

しかしそれは、経済合理性に基づいて企業が生産拠点を海外に移し、また海外から部材を調達することに逆行することにもなり得る。またそれが進めば、日本の国是でもある自由貿易に逆行することになりかねない。

経済安全保障の観点から、安価な輸入品を割高な国内品に置き換えていけば、経済の効率は低下し、最終的には国民の負担が高まることにもなりかねないのである。

こうした点を踏まえれば、政府には「特定重要物資」の適用範囲をかなり限定し、慎重に運用していくことが求められるだろう。

日本や米国その他先進諸国は、経済安全保障政策により、国家が経済活動に深く関与する国家資本主義の中国等に対抗しているが、こうした市場主義の先進各国の政府が、民間企業の活動への関与を強める方向にあるのが現状だ。

これは、先進国が国家資本主義に接近していく流れとも見えるだろう。その過程では、企業の自由な競争、活動が様々なイノベーション、生産性向上を生み出すという市場主義の強みが失われてしまう恐れがあるのではないか。

経済安全保障政策は、日本の国益を守ることを目指しているが、国益と企業とのステークホルダー（利害関係者）の利益とは一致しない点にも留意する必要があるだろう。国内の外国企業の存在や、日本企業の外国人株主の存在を考えれば、それは明らかではないか。

また同政策が企業の活動を強く制限することで経済活動に悪影響が及べば、それは、むしろ国益を損ねることにもなってしまう。このように、始まったばかりの日本の経済安全保障には、なお課題が山積している。

第2節

経済安全保障の源流を探る

経済安全保障とは何か

近年、経済安全保障という言葉が広く使われるようになったが、その定義は実際にはかなり曖昧だ。経済安全保障は、英語のEconomic Securityの日本語訳であるが、その言葉が米国、英国で一般に広く使われている訳ではない。しかもこの言葉の意味は、海外と日本とで同じではないように思われる。

日本では、以前よりエネルギー安全保障、食料安全保障という言葉が使われてきた。経済安全保障がそれらに新たに加えられた。安全保障とは、安全な状態を保証するという意味だが、その対象は国民である。通常は、暴力による海外からの攻撃から国民の生命を守る「国防」の意味で使われる。

エネルギー安全保障や食料安全保障は、国防とは直接関係ないが、食料とエネルギーは国民の生命にとって欠かせないものであることから、食料、エネルギーの安定調達を確保して国民の生命を保証する、という意味で、安全保障という言葉が比喩的に用いられているのだろう。

日本では、こうした考えの延長線上に、経済安全保障という言葉がある。経済活動も国民の生命や生活の安定には欠かせない。しかし時に、それは外交上敵対する外国の勢力によって脅威に晒される。例えば、重要物資を特定の国に強く依存している場合、その国が政治的な意図を持って日本への輸出規制を行えば、日本経済には大きな打撃が及ぶ。これを経済的威圧（economic coercion）という。

貿易規制の影響を回避すること以外にも、重要物資やサービスが特定の国に依存する場合、それらを通じた情報漏洩やサーバーテロなどが起こり、経済活動が打撃を受けることを防ぐことも、経済安全保障の重要な要素となっている。

経済と安全保障は一体との考え

このように、日本で使われる経済安全保障という言葉は、エネルギー安全保障、食料安全保障と同様に、安全保障よりも経済に力点が置かれている印象が強い。これに対して、米国で使われる経済安全保障は、経済と安全保障は一体であり、主眼は安全保障に置かれているように思われる。そうした米国の影響を受けて、日本の経済安全保障政策も、少しずつ安全保障に比重が移っていると見られる。

近年、中国を念頭に、米国が経済安全保障政策を強く進めたのは、2017年から2020年のトランプ政権だ。その政策を理論面から支えたのが、"Death by China"（中国による死）という著書があり、対中強硬派で知られているカリフォルニア大学アーバイン校のピーター・ナヴァロ教授だった。

ナヴァロ氏は、「経済安全保障は国家安全保障そのもの」「経済と安全保障は一体」といった考えを広めていった。

ナヴァロ氏は、「米国の貿易赤字は米国経済の成長を阻害している。その貿易赤字は貿易相手国の不公正な貿易政策によって生じている」と結論付けた。そうした貿易相手国の不公正な貿易政策の効果を相殺するために、トランプ政権は、次々と追加関税を課していったのである。

中国の経済成長は軍事的脅威を高める

また、ナヴァロ氏は中国の軍事的脅威を強調し、それへの対応を経済政策に色濃く反映していった。中国の軍事力を非常に大きな脅威と捉えていることを、2015年に発行された著書 “What China's militarism Means for the World”（日本語訳『米中もし戦わば』（注3））で示した。

ナヴァロ氏は、中国が経済力を高めたことが、軍備に潤沢な資金を投入することを可能にし、軍事的に米国にとっての脅威を高めていると考えた。つまり、中国の経済力と軍事力は深く関わると考える一方、その経済力は対米貿易黒字などにも表れているように、不公正な産業政策や貿易政策によってもたらされていると主張したのである。

また、そのきっかけを作ったのが、クリントン政権が中国のＷＴＯ（世界貿易機構）加盟（２００１年）を認めてしまったことだ、とした。米国にとって壊滅的な経済的帰結を招いたという点で、これほど誤った判断を下した大統領は他にいない、とナヴァロ氏は評している。

さらにナヴァロ氏は、中国が米国の企業秘密や軍事秘密を不当に入手しており、これが、不公正な貿易慣行と合わせて、経済面、軍事面での中国に対する米国の優位に脅威になっていると主張した。トランプ前政権のもとで実施され、バイデン政権のもとでも維持された、中国に対する様々な貿易規制措置は、こうした考えのもとに行われていったのである。

第3節

コロナ禍で一層強まった日本の危機感

コロナ禍が経済安全保障上の危機感を煽る

本節では、2022年に「経済安全保障推進法」が施行される前の日本の経済安全保障政策、いわば前史を振り返ってみよう。

新型コロナウイルス問題は、「日本の経済安全保障が脅かされる」との危機感が政府内・与党内に一気に広がるきっかけを作った。その警戒対象は、主に中国であった。

中国は、世界に先駆けて新型コロナウイルスの抑え込みに成功し、経済の回復をどの国よりも早く実現した。多くの国が感染抑制と経済の安定確保に奔走する中、その間隙を縫って中国が海外での勢力拡大に一気に動くことを、日本、そして先進国は強く警戒したのである。

国益の観点から、日本がこのような危機感を抱くことは当然だろう。しかし、拙速な対応がむしろ国益を損ねてしまいかねないことも認識しておく必要があったのではないか。

日本の経済は自由貿易で成り立っており、経済成長には他国との友好な関係維持が不可欠だ。さらに、国内で経済の閉塞感が強まる中、海外市場や海外マネーを最大限活用していくことが、経済の再生に欠かせないはずである。そうした日本が、経済安全保障の観点から中国等への危機感を高めるあまり、内向き志向を過度に強めてしまっては、結局、国益を損ねてしまう。

「マスク外交」から「ワクチン外交」へ

世界が新型コロナウイルスへの対応に苦しむ中、中国がいち早く攻勢に出たことを印象付けたのが、2020年春の「マスク外交」だった。中国は、各国にマスクや防護服などの医療物資を提供する活動を広く展開し始めたのである。

こうした支援活動自体は評価されるべきだが、先進各国はそれをやや批判的に捉えていた。中国のこの支援活動が、国際的な覇権拡大の戦略の一つと捉えられていたためだ。一帯一路構想の参加国を中心に、中国がインフラ投資の融資を拡大させ、それを梃子に軍事的覇権まで広げていくことを狙う「借金漬け外交（Debt Diplomacy）」の延長線、との理解である。

中国のマスク外交に対抗して日本政府は、感染症予防・対策に関する人材育成などの途上国向けの支援を強化し始めた。途上国に駐在する国際協力機構（ＪＩＣＡ）職員らを通じて、アジアやアフリカを中心とした途上国の医療関係者や保健行政の担当者に対して、医療技術向上や保健システム整備に関する研修などを行うことを決めたのである。しかし、本格的な新興国・途上国支援としては力不足であった。

マスク外交に続いたのが、「ワクチン外交」だ。中国では、シノバック社とシノファーム社によって2種の国産ワクチンが作られた。これをインフラ投資とセットにして海外に提供したのが、ワクチン外交である。

超低温での保管が必要なファイザー製やモデルナ製とは異なり、シノバック製のワクチンは、摂氏2～8度という普通の冷蔵庫で十分に保管できる。そのため、超低温環境で大量のワクチンを保管するのが難しい新興国、低所得国ではより重宝された。

当時、感染拡大が続く米国では、国内でのワクチン接種に手一杯で、新興国・途上国にワクチンを回す余裕はなかった。日本も同様であった。他方、中国では、国内で開発、生産したワクチンを他国に回す余地が大きい。そのため、ワクチン外交を梃子に、中国が新興国地域でその勢力圏を拡大させる可能性もあった。

日本は、主要国の中で最もワクチン接種の開始時期が遅れてしまった。自国でワクチンを早期に開発できなかったことがその要因の一つである。中国への対抗以前に、感染症への備えがそもそも十分でなかったことを経済安全保障上の問題と捉え、今後の教訓とすべきだろう。

製造業の国内回帰に潜む落とし穴

日本はワクチン外交では中国には対抗できなかったが、その他の分野では、経済安全保障の観点から、中国への対抗策を講じていった。その一つが、「製造業の国内回帰」である。

２０２０年5月、政府は２０２０年度第1次補正予算に生産拠点の国内回帰を促す新たな補助金制度を盛り込んだ。補助金は、特定の国への生産の依存度が高い製品や素材について、国内に工場を新設したり設備を導入したりする場合に適用対象となる。

新型コロナウイルス問題のもと、それまで輸入に頼っていたマスクや医療機器などが日本に入りにくくなったことを契機に、中国に集中している生産拠点の分散が必要、との議論が政府・与党内に高まっていた。そのため、国内回帰だけでなく、生産拠点をＡＳＥＡＮ（東南アジア諸国連合）などに分散する際にも、補助金が支払われることになった。例えば、自動車部品の工場を中国からＡＳＥＡＮ諸国に移転するようなケースである。

マスクや医療機器など国民の健康と生命に関わる重要な製品については、国内生産への切り替えを進めることは必要なことだ。しかし、政府が補助金で強いインセンティブを与えることで、広範囲な製品で企業が国内回帰を過度に進めてしまうリスクもある。

そもそも、企業が海外に生産拠点を移転してきたことは、経済合理性に基づいた判断だ。「地産地消」と呼ばれる、市場に近い場所で製造を行うことで輸送費を削減することや、人件費削減などのメリットがある。２０１１年の東日本大震災で国内でのサプライチェーン（供給網）が遮断されたことを受け、その後、自動車メーカーは海外からの部品調達をかなり拡大させてきた、という経緯もある。円高への対応という側面もある。

中間財や完成品の国内回帰を無理に進めれば、製造コストは高まり、最終的にはコスト増加分が消費者に転嫁される。それは、国民生活を圧迫してしまう。

国内回帰の大号令をかける前に、政府はまずその範囲を限定し、さらにその政策の主旨をもっと丁寧に国内企業に説明すべきだったのではないか。

外為法改正で高まる日本市場への不信

日本政府が次に動いたのは、外資の制限という金融面での対応だった。安全保障上重要な日本企業の株式を外国人投資家が取得する際に、必要な事前届け出の基準を持ち株比率で、従来の10％以上から1％以上へと一気に厳しくする改正外国為替法（外為法）が、２０２０年６月に施行された。

念頭にあったのは、中国による日本企業の買収だ。早期に新型コロナウイルスの感染抑制に成功し経済回復を実現した中国が、日本企業を買い漁り、その結果、重要な技術や人材が中国に流出してしまうことが警戒されたのである。重要分野には、武器、航空機、宇宙関連、原子力関連、軍事転用可能な汎用品などが含まれた。

事前届け出の基準強化と同時に、事前届け出の免除制度を新設することで、経営権取得を意図しない純粋な海外からの投資をできるだけ阻害しない措置も併せて講じられた。一般の運用会社やヘッジファンドなど大部分の投資家は、一定の要件を満たせば事前の届け出なく投資ができ、従来の制度に比べた追加の負担は限定された。

それでも経営権を巡る株主提案に対しては新たな規制が加わり、物言う株主（アクティビスト）や公的年金などの活動を萎縮させることが、懸念されたのである。株主提案に規制をかけることで、「企業統治改革に逆行する動き」という悪い印象を海外投資家に与えてしまったことは否めない。

いずれにしても、海外投資家に対する丁寧な説明を欠いた結果、外為法改正が、「海外からの投資を通じて企業改革や生産性向上などを図る」という日本がそれまで対外的に掲げてきた方針に疑問が生じることとなってしまったのである。

デジタル人民元計画を強く警戒

中国を強く意識した金融面の対応には、ＣＢＤＣ（中央銀行デジタル通貨）発行の議論もある。２０２０年７月に公表された政府の「骨太の方針（経済財政運営と改革の基本方針）」に、中央銀行が発行するデジタル通貨であるＣＢＤＣの検討方針が急遽盛り込まれた。この唐突な決定の背景には、中国で計画されているＣＢＤＣ「デジタル人民元」の発行が、日本の経済安全保障上の大きな脅威になる、との認識が、政府・与党内で高まったことがある（第４章第５節・第６節）。

政府・与党内では、デジタル人民元が日本国内で広く利用されるようになれば、買い物履歴などの日本の個人データが中国に移転され、それが日本経済の中国経済に対する競争力を損ねること、安全保障上重要な情報が中国に漏れること、等が警戒された。

さらに、デジタル人民元がドルの金融・通貨覇権を揺るがし、それが安全保障上の米国の優位をも揺るがすことを警戒する議論も、与党内には根強かった。確かに、ドルの覇権の低下がドルの急落などを招けば、日本経済にもかなりの打撃となることは避けられないだろう。

また米国の安全保障上の覇権は、米国がＳＷＩＦＴ（国際銀行間金融通信協会）などを通じ世界のお金の流れに関わる情報の多くを把握していることによって支えられている。デジタル人民元の利用が世界で広がり、こうした米国の金融覇権に風穴を開ければ、それが将来的には安全保障上の米国の優位を揺るがす一因となる可能性もあるだろう。それは即ち、日本の安全保障上のリスクが高まることも意味するのである。デジタル人民元は、経済安全保障上の課題の一つと位置付けられたのである。

日本のCBDCはデジタル人民元への対抗にならない

しかし、仮に日本がCBDCを発行しても、デジタル人民元への対抗とはなり得ない。デジタル人民元を国内で利用したいと考える日本人が、果たしてどれほどいるだろうか。人民元建てでの買い物は日本では不便であり、利用のメリットは小さい。日本人が、デジタル人民元ではなくアリペイを、日本国内で、円建てで利用可能となる場合には、個人データが中国に流出する心配は出てくるだろう。しかし、日本政府と銀行は連携して、今までのところアリペイの進出を事実上阻んでいるように見える。

日本が発行するCBDCが海外で広く利用され、それがデジタル人民元の勢力拡大を阻む、といった事態もまた考えにくい。米国が自らCBDCを発行する、あるいはフェイスブック（現メタ）が主導したリブラなど民間デジタル通貨で国際的に利用されるデジタル・ドルを広めなければ、デジタル人民元には対抗できないのである。しかし、現時点では、米国政府はCBDCの発行には明らかに否定的だ。この点で、日本がなすべきことはないのである。

新型コロナウイルス問題の発生を受けて、政府・与党は、日本の経済安全保障を脅かす存在として、中国への警戒感を一気に強めた。しかし、それへの対応策として打ち出してきた様々な施策は、以上で見てきたように、必ずしも実効性が高くないことに加え、日本の国益をむしろ損ねてしまう面もあったのではないか。

危機感に突き動かされて拙速に政策を決めるのではなく、冷静な判断を踏まえ、確実に日本の国益を高める施策を講じ、また議論すべきであった。新型コロナウイルス問題の発生を受けた経済安全保障上の施策は、こうした重要な教訓を日本に残したのではないか。

第4節

デリスキングとデカップリング

米国は伝統的な自由主義、市場主義を修正：「サリバン・ドクトリン」

中国との対抗を強く意識する中、米国政府の経済政策は、伝統的な自由主義、市場主義を大きく見直し、民間経済活動に政府が強く関与する、産業政策の色彩を強めている。中国などの国家資本主義に接近してきている、とも言えるだろう。

バイデン政権で新たな産業政策の方針を示したのが「サリバン・ドクトリン」である。これは、国家安全保障担当のジェイク・サリバン大統領補佐官（当時）が2023年4月に打ち出したものだ。

サリバン氏は、冷戦後の米国が市場の効率性を過度に重視する中で、戦略物資を生産する産業や製造業の雇用を含むサプライチェーン（供給網）全体が海外に移転し、米国の産業空洞化と雇用の喪失を招いてしまった、とした。さらに、貿易自由化を含むグローバリゼーションの弊害についても指摘している。

米国は2001年に中国のWTO（世界貿易機関）加盟を認め、自由貿易体制に取り込もうとしたが、それが、中国製品の米国への流入を通じて、米国の雇用を喪失させてしまった。少なくとも、グローバリゼーションは、中国の軍事的野心拡大やロシアの隣国への侵攻を阻止できなかった、と結論付けている。こうした考え方が、バイデン政権の中国に対する貿易規制強化の背景にあるのだろう。

米国は、経済面での対中戦略は「デカップリング」、つまり中国との分断を図るものではなく、安全保障面を重視した一部の分野で中国リスクの低減を図る「デリスキング」である、と公式には説明している。

しかしこれは、中国との経済関係を維持したいと考え、米国の強硬な対中政策とは距離を置く欧州諸国に配慮した説明、という面があるのではないか。実際には、「サリバン・ドクトリン」を踏まえると、米国の対中戦略は今後、デカップリング、中国封じ込め政策へとさらに発展していく可能性があることは否定できない。

実際のところバイデン政権は、半導体の対中輸出規制の範囲を、安全保障上の脅威と結び付く先端分野から、さらに拡大する方向を視野に入れていた。米企業による対中投資の制限を目指す大統領令も発動した。

各国政府が自国民の安全確保を最優先するのは当然のことであるが、安全保障を理由にして、実際には経済面で優位に立つことを狙って自由な競争を強く妨げるようなことは、望ましくない。それは、世界経済の発展の大きな妨げとなってしまうだろう。

世界経済の逆風と中国経済の失速リスク

過去数年にわたり、世界経済は新型コロナウイルス問題、ウクライナ戦争といった歴史的なイベントに翻弄され、深刻な打撃を受けてきた。足もとの世界経済は、ようやくそれらの直接的な影響から脱しつつあるものの、それらの後遺症とも言える物価高騰の問題は、多くの国でなお続いている。

物価高騰への対応として各国が進めた大幅な金融引き締め策によって、インフレリスクを抑え込むことには成功しつつあるとしても、その副作用として経済を過度に悪化させてしまう可能性は残されている。

さらに懸念されるのは、中国経済の動向だ。2022年末のゼロコロナ政策の撤廃を受けて、中国経済は本格回復が期待されたが、実際には回復はごく短期間で終わり、足もとでは失速感が強まっている。大規模な都市封鎖（ロックダウン）を行ったことの後遺症が長引いたことに加えて、以前から続く不動産不況の影響が、個人消費や地方政府の活動に影を落としているのである。

より長期の視点では、人口の減少が成長の制約となっており、1970年代終わり頃から約30年間、10%程度の成長を続けてきた中国の成長率のトレンドは、今やその半分以下、つまりプラス5%以下まで急速に低下してきていると見られる。2020年代の終わりには、中国の成長率はプラス3%程度にまで低下するとIMF（国際通貨基金）は予想している。

市場分断化の悪影響と日本への期待

まさに、こうした世界の経済情勢のもとで生じているのが、半導体、AI分野を主戦場とする米中の覇権争いである。トランプ前政権が関税引き上げを武器に中国に貿易戦争を仕掛けていた2010年代末と比べても、中国経済の不振、世界経済の脆弱さはより深刻な状況だ。

バイデン政権の対中政策は、安全保障上のリスクを取り除くデリスキングにとどまらず、デカップリングの様相を今後強めていく可能性を秘めている。実際にそうなれば、民主主義国の陣営と権威主義国の陣営との間での世界市場の分断化の傾向は加速するだろう。

それは、世界の分業体制が進むことで各国の生産効率と所得を高める自由貿易推進に逆行するものであり、世界経済の成長率の低下など、大きな経済的損失をもたらしかねない。

中国経済の苦境を捉えて、米国が中国への投資、輸出規制措置を一段と拡大させていけば、中国経済の失速リスクはさらに高まる。それは中国あるいはアジア地域のみならず、世界全体にとっての甚大な経済損失となる。

米中両国と経済関係が密接でありかつ自由貿易のリーダーを自認する日本は、2つの大国の決定的な対決を回避するため仲介に動くのに、最も適任と言えるだろう。米国政府の対中政策が、デリスキングからデカップリングへと進んでいかないよう、しっかりと目を光らせ、必要に応じて米国の動きに歯止めをかけることが、日本に期待されるのではないか。それは、中国を中心にアジア地域と強い経済的関係を持つ日本の国益にもかなうものだ。

第5節

AI分野を主戦場とする米中覇権争いと台湾有事

先端半導体を巡る米中ハイテク覇権争い

現在、経済面で米中間の最大の懸案となっているのが、先端半導体分野での対立だ。バイデン政権は2022年10月に、中国向けに輸出する、①AIやスーパー・コンピュータに利用される先端半導体、②先端半導体の製造装置、の輸出管理について、新たな措置を発表した。事実上の輸出禁止である。

トランプ前政権は中国が2015年に発表した、製造業での強国を目指す中国の中期計画「中国製造2025」への警戒感を強め、5G（次世代通信規格）などを中心にハイテク分野で中国の切り離しを進めた。2019年には通信機器大手の華為技術（ファーウェイ）を、事実上の禁輸措置を課すエンティティ・リスト（禁輸企業リスト）に追加した。バイデン政権が対中輸出規制のターゲットとしたのは、企業ではなく中国全体である。

バイデン政権は、先端半導体の製造装置について、主要な生産国である日本やオランダに対しても、対中輸出規制への同調を強く求めた。この分野の半導体製造装置の製造は、日本、米国、オランダの3か国にほぼ限られているためだ。

世界の半導体業界では、製造工程の細分化・専門化が急速に進んでいる。特に前工程では、各段階の製造装置が日米欧の大手メーカーの独占状態になっている。この3か国が半導体製造装置の対中輸出規制で足並みを揃えれば、中国の半導体製造に大きな打撃を与えることが可能となる。

2023年1月に日本とオランダは米国の求めを受け入れ、中国向けの先端半導体製造装置に輸出規制を課すことで合意した、と報じられた。実際、日本政府は2023年5月に経済産業省が省令を改正し、輸出管理の対象に高性能な半導体製造装置など23品目を加え、7月23日に施行すると発表した。オランダ政府も、先端半導体の製造装置の輸出管理を2023年9月1日から強化すると発表したのである。

先端半導体関連の輸出規制は中国に大打撃

「中国製造2025」のもと、中国政府は国内企業への巨額の補助金などを通じて、半導体の国産化を急いで進めてきた。しかし、前工程の製造装置の国産化率については、依然、低位にとどまっているという。

先端半導体の製造には、EUV（極端紫外線）露光システムが必要となる。オランダのASMLの同システムは、回線幅7ナノメートル以下の先端半導体の製造に欠かせない装置であり、現時点ではASMLが世界唯一のサプライヤーだ。EUV露光システムの入手が事実上不可能になれば、中国は1世代前のDUV（深紫外線）露光システムを用いて14ナノメートル以下の先端半導体の製造を目指すことになるが、それに対応できる半導体製造装置のサプライヤーも、やはりASMLと日本のニコンの2社だけだという。

米国は、中国が先端半導体の製造で後れをとっている今のうちに、同分野で中国の台頭を抑え込む戦略なのだろう。実際、この措置は、中国に大きな打撃を与えている。

一方、中国側の報復措置も目立ってきた。２０２３年５月には米半導体大手マイクロンの製品の調達禁止を発表した。また同年７月には、半導体の材料に使われるガリウムなどレアメタル関連品を８月から輸出規制の対象にする、と発表した。

両国は、対話の重要性を確認して、テーブルの上では握手をしながらも、テーブルの下では激しく蹴り合っている構図だ。

ＡＩを巡る米中の覇権争いが激化

ＡＩ技術の巧拙が、軍事的覇権を大きく左右する時代となっている。ＡＩはドローンや戦闘ロボットなど、最新の兵器で利用される。またＡＩの活用は、戦術、作戦の策定や指揮、統制の強化にも有効だ。

新しいＡＩ技術を生み出すのが民間企業である点は、米中ともに同じであるが、中国の場合には、政府がＡＩ企業とより緊密な関係を築いている点が米国とは異なる。中国のグーグルとも呼ばれる百度（バイドゥ）が、中国ではこの分野で先頭を走っている。同社はネット検索に加えて、クルマの自動運転などの事業も展開してきたが、その技術も軍事的に利用されている可能性があるだろう。

２０２２年10月の第20回共産党大会で習近平主席は、米国に対抗して、ＡＩ開発とＡＩを最大活用した「知能化戦闘」の重要性を強調した。これは、２０３０年までにＡＩなどの民生技術を軍事利用する、いわゆる「軍民融合」である。

人民解放軍の研究者であるエルザ・カニア氏は、その論文「戦場のシンギュラリティ」（注4）の中で、中国政府はＡＩと無人機システム（無人のロボットやドローンなど）を合体させる「ＡＩによる軍事革命」を実現しようとしている、と指摘する。

現時点では、ＡＩ技術においては、米国が中国を上回っていると見られる。エンタープライズ向けのＡＩソリューション開発支援を行うZeta Alphaによると（２０２３年3月）、２０２２年に最も引用されたＡＩに関する１００本の論文リストのうち、米国は68本で世界第1位、中国は27本で第2位だった。ただし、前年との比較では米国が7本減少、中国が４本増加であり、両国の差は縮小してきているようにも見える。

また、中国最大のベンチャー・ＩＴメディアの36Ｋｒによると（36Kr Japan）、２０１２~２０２２年9月のＡＩ分野の論文発表数の中で、特にハイレベルなものについては、中国の割合は２０１２年の20・４％から２０２１年には50・７％に高まった。さらに、この期間の世界のＡＩ特許取得件数は累計25万件で、中国は60％を占めているという。

生成ＡＩには米中双方の体制を揺るがしかねない問題も

ＡＩ技術の発展で中国が有利であるのは、国内での膨大なデータを活用し、ＡＩを学習させることができる点だ。欧米では、個人のプライバシー保護の観点からデータ利用に制限があるが、中国ではそうした制約が少ない。

また、欧米では各民間企業が収集するデータを共有することは一般的でないが、中国では国が企業のデータを集約し、14億の人口に基づく膨大な国中のデータを活用することができる。データが多いほどＡＩ技術の高度化は進みやすい。

そうした中国にとって最大の弱点となるのは、ＡＩに欠かせない先端半導体を自国では製造できない、というハード面での制約だ。その弱点を突いて、本節で前述したように、米国は中国向けの先端半導体、及び先端半導体の製造装置の対中輸出規制を、日本、オランダと連携して強化しているのである。これは中国のＡＩ技術の発展にとって、少なくとも当面のところは大きな打撃となるだろう。しかし、中国も早晩、先端半導体を自国で製造できるようになるのではないか。

またＡＩ技術は幾何級数的なスピードで技術革新が起こり得るものであり、いったん他国と差がつけば、その差が一気に広がりかねないという特徴がある。そのため、米国は中国との競争で今後も警戒を緩めることはないだろう。

現在急成長を遂げている、文章や画像を作り出す生成ＡＩの分野でも、米中の対立は今後激しさを増すことになるだろう。この分野では、マイクロソフトによるオープンＡＩとグーグルの米2社、中国の百度の計3社が、プラットフォーマーとして世界の覇権を獲得しつつある状況だ。

この生成ＡＩは、直接軍事に利用される余地は大きくはないかもしれない。しかし、ＳＮＳなどを通じて偽情報を相手国に流すことなどで、政治的な混乱や世論の誘導などを図るといった、「情報戦」「サイバー戦」に活用されていく余地は十分にある。この点から、米中両国ともに生成ＡＩの覇権争いを今後も繰り広げていくだろう。

ただし、生成ＡＩについては、両国ともに頭の痛い問題を抱えている。中国政府は、これが体制批判に利用されることを強く警戒している。中国政府は２０２３年4月に、生成ＡＩの国内でのサービス提供に当たって守るべき点や罰則を定めた、初めての規制案を公表した。情報の検閲・統制を通じて、社会主義体制の維持を図るのが狙いだ。

他方、米国など民主主義国家も生成ＡＩによる個人情報の漏洩、プライバシーの侵害などに警戒を続けている。中国と同様に生成ＡＩを用いた偽のテキストや画像などが世論操作に用いられ、民主主義の根幹をなす選挙に影響を与えることも強く警戒されている。

米中はともに自国の体制の優位を競い、経済と安全保障の双方の観点から、ＡＩ分野で激しい主導権争いを繰り広げている。しかしそうしたＡＩ技術の発展自体が、自らの体制を揺るがしかねない、という大きな矛盾もそれぞれに抱えているのである。

台湾有事の際の日本経済への打撃

偶発的な形で米中の軍事的衝突が最も生じやすいのが、台湾有事だ。それは日本も巻き込む形となり、日本経済には甚大な打撃をもたらすことになるのではないか。

以下では、まず、台湾と日本との間の貿易が途絶えてしまうことによる日本経済への打撃という、より範囲を限定したリスクについて検討してみたい。

台湾は日本の輸出先としては、中国、米国、韓国に次ぐ第4位であり、輸出全体の5・0％（2021年度）を占めている。仮に日本から台湾向けの輸出が停止すれば、日本の名目ＧＤＰはその直接効果だけで0・90％押し下げられる。

他方で、台湾からの輸入品が停止する場合、それが国内品に代替されれば日本のGDPにプラスの効果が生じるものの、それ以上に、サプライチェーン（供給網）の遮断を通じて日本の経済活動に深刻なマイナスの効果が生じることが懸念される。その代表格が、半導体なのである。

2021年に日本が輸入した半導体の46・7%は台湾製である。日本では製造ができない高性能のロジック半導体の多くを、日本は台湾に依存している。現在、日本で利用される半導体の33%は台湾からの輸入品である。

そこで、高性能半導体を用いていると推察される8分野に注目してみよう。具体的には自動車部品、玩具（ゲーム機など）、パソコン、携帯電話、家電、液晶パネル、医療用機器、ロボット、である。

台湾からの半導体の輸入が止まることで製品の一部が作れなくなり、この8分野の生産がそれぞれ33%減少する場合を考えると、日本の名目GDPは0・48%押し下げられる計算となる。これを、台湾向け輸出が停止する経済効果と合計すると、GDPの押し下げ効果は年間1・38%となる。

最悪のケースも考えておく

しかし、実際に台湾有事が発生すれば、日本経済への影響は、台湾との間の貿易停止にとどまらない可能性が高い。米軍による軍事介入が行われ、中国が同盟国である日本を交戦相手とみなせば、日本に対して厳しい貿易規制が導入され、中国との間の貿易は大幅に縮小するだろう。

さらに台湾有事となれば、日本海側の海上輸送（シーレーン）を中心に大きな支障が生じ、特にアジア諸国との間の貿易には大きな打撃が及ぶはずだ。

これらの被害がどの程度になるかを正確には予測できないが、仮に台湾を除き、中国を含むアジア地域向けの輸出が1年の間半減し、それを通じて日本経済に打撃が及ぶ事態を、やや最悪のケースとして想定してみよう。その場合、日本のＧＤＰは直接的に４・61％押し下げられる計算となる。これを台湾との貿易が1年間停止する場合の上記の試算値と合計すると、（名目及び実質）ＧＤＰの押し下げ効果は1年間で５・99％に達することになる。これは名目ＧＤＰ33・９兆円に相当する。

このように、台湾有事の際には、日本経済が受ける打撃は甚大になる可能性が高い。さらにその場合には、リスク回避傾向で急激な円高や株価の大幅な下落が生じ、その経済効果を加えれば、経済的な打撃はもっと大きくなるだろう。

台湾有事の際に日本経済が受ける打撃は、米国と比べてもはるかに大きくなる。経済的な側面からすれば、台湾有事は何としても避けることが日本の国益にかなう。日本は米国と中国、そして台湾に対して、台湾有事の回避に向けた積極的な外交努力を展開することが求められる。

第6節

「チャイナショック2・0」の衝撃

G7が中国の過剰生産問題を議論

中国の過剰生産問題が、先進国で大きな議論となっている。2024年5月23～25日にイタリアのストレーザで開かれたG7（主要7か国）財務相・中央銀行総裁会議では、この問題が初めて大きく取り上げられた。

声明文では「我々は、世界的に公平な競争条件を確保するため、広範な政策手段やルールを通じて、過剰生産能力につながるものを含む非市場的政策及び慣行、並びに歪曲的政策に対処するための協力を強化する。我々は、均衡の取れた相互的な協力への関心を再確認する一方で、我々の労働者、産業及び経済的強靱性を損なう中国の非市場的政策及び慣行の包括的な利用について懸念を表明する」（注5）とし、G7は中国を名指しで批判した。

先進国は、中国政府が、国内経済の供給過剰問題を緩和するために、巨額の補助金を通じて鉄鋼、EV（電気自動車）、EVに搭載されるリチウム電池、ソーラーパネルなどクリーンエネルギー関連の製品などを海外に不当に安値で輸出（ダンピング）しており、それが先進国の企業に大きな打撃を与えているとして、中国を強く批判しているのである。

欧米は中国製ＥＶへの関税率を大幅引き上げ

トランプ政権は、中国の自動車に25％の輸入関税を課した。さらにバイデン政権はこの政策を維持したうえで、ＥＶ購入時の最大７５００ドルの税控除を中国車が受けられないようにする、などの追加策を講じた。

さらにバイデン政権は２０２４年５月14日に、電気自動車（ＥＶ）、半導体、医療用製品、鉄鋼などの中国製品への関税率を大幅に引き上げることを発表した。中国製ＥＶについては、現状25％の関税率は４倍の１００％へと引き上げられたのである。

既に適用されている関税の影響もあり、中国製ＥＶは米国ではほとんど流通しておらず、また、中国製鉄鋼の輸入も僅かである。それにもかかわらず、不公正貿易とみなす相手国への一方的な制裁を認めた米通商法３０１条に基づく関税引き上げを実施するのは、２０２４年11月に行われた大統領選挙を睨んだ政治色の強い動きと考えられた。

議会や国民の間で、中国強硬論が強まっていることに加えて、バイデン政権が大統領選挙で特に注力していた激戦３州のうち、ミシガン州には自動車生産が集中していること、ペンシルベニア州は鉄鋼生産の中心地であること、等への配慮もあったのではないか。

米国以上に中国製ＥＶの輸出攻勢に見舞われていたＥＵ（欧州連合）の執行機関である欧州委員会は、２０２３年10月に、中国製ＥＶが国からの補助金で価格を抑え欧州市場での競争を歪めていると見て、正式に調査を始めた。そして、米国に続いて2024年7月に、中国製ＥＶに対して7・4～37・6％の追加関税を課すことを決めたのである。

この関税は暫定的なものであり、欧州委員会の調査はその後も続けられ、その間、中国側との協議も進められている。両国が合意すれば、暫定的な関税は撤廃されるが、そうでない場合には正式な関税となり、5年間適用されることになると見られる。

日本では中国ＥＶ最大手のＢＹＤ（比亜迪）が2022年7月に日本市場への参入を正式に表明したが、現時点では100％の電気自動車（ＢＥＶ）のシェアは全体の1・6％に過ぎず、さらに中国製ＥＶの浸透度はなお低いことから、日本が欧米に続いて中国製ＥＶへの関税措置を講じる動きはない。

中国の過剰生産問題全体についても、日本は比較的静観しており、この点で、欧米との間に対応の温度差がある。

中国ＥＶ市場はレッド・オーシャン

ウォールストリート・ジャーナル紙が報じたところでは、上海のコンサルティング会社オートモビリティと中国乗用車協会（ＣＰＣＡ）によると、2024年時点で中国には年間4000万台程度を生産する能力があるが、国内での販売台数はその半分の2200万台前後にとどまっているという。

中国の自動車生産能力の余剰は、特にエンジン車で顕著だ。中国の消費者がＥＶへの乗り換えを進める中で、エンジン車の人気が急速に低下してきているためである。2023年に輸出された自動車の4分の3はエンジン車で、行き先は主にロシアだった。

しかし、ＥＶにおいても生産能力の余剰は深刻となっている。それはあまりにも多くの企業が市場に参入しているため、競争が激しくなっているからだ。中国のＥＶ市場は、競争条件が極めて厳しい、いわゆる「レッド・オーシャン」の状態にあると見られる。

上海を拠点とするアリックスパートナーズの自動車コンサルタント、スティーブン・ダイヤー氏によると、中国には少なくとも1車種のＥＶを販売しているブランドが１２３もあるという。

中国でＥＶの生産が過剰となり、海外との間で摩擦を生じさせている背景には、政府がＥＶを支配的地位の確立を目指す産業分野の一つに位置付けていることがあるだろう。

中国政府は、地方政府に「新質生産力」の強化を求めている。「新質生産力」の強化とは、高付加価値の製造業を育成することであり、ＥＶもそこに含まれる。そこで地方政府の多くは、先を争うように雇用創出に繋がる新たなＥＶメーカーの育成を図ってきたのである。

米国のシンクタンク、ＣＳＩＳ（戦略国際問題研究所）は、中国政府はＥＶやＰＨＶ（プラグイン・ハイブリッド車）などを含む新エネルギー車産業を支援するために２００９年から２０２２年に総額約１７３０億ドルの補助金を支出したと試算している。また、ドイツのＩｆＷ Ｋｉｅｌ（キール世界経済研究所）の２０２４年４月の報告書は、中国の自動車業界への公的支援策には、市場実勢を下回る金利での融資、割引価格での鉄鋼や電池の供給などが含まれるとしている。

中国市場で２０２３年の販売台数が40万台を超えたＥＶブランドはＢＹＤ、テスラ、埃安（アイオン）、五菱（ウーリン）の４つにとどまった。この40万台がＥＶの損益分岐点との見方もある。それ以外の１００以上のＥＶ

図表7－1　中国の物価動向

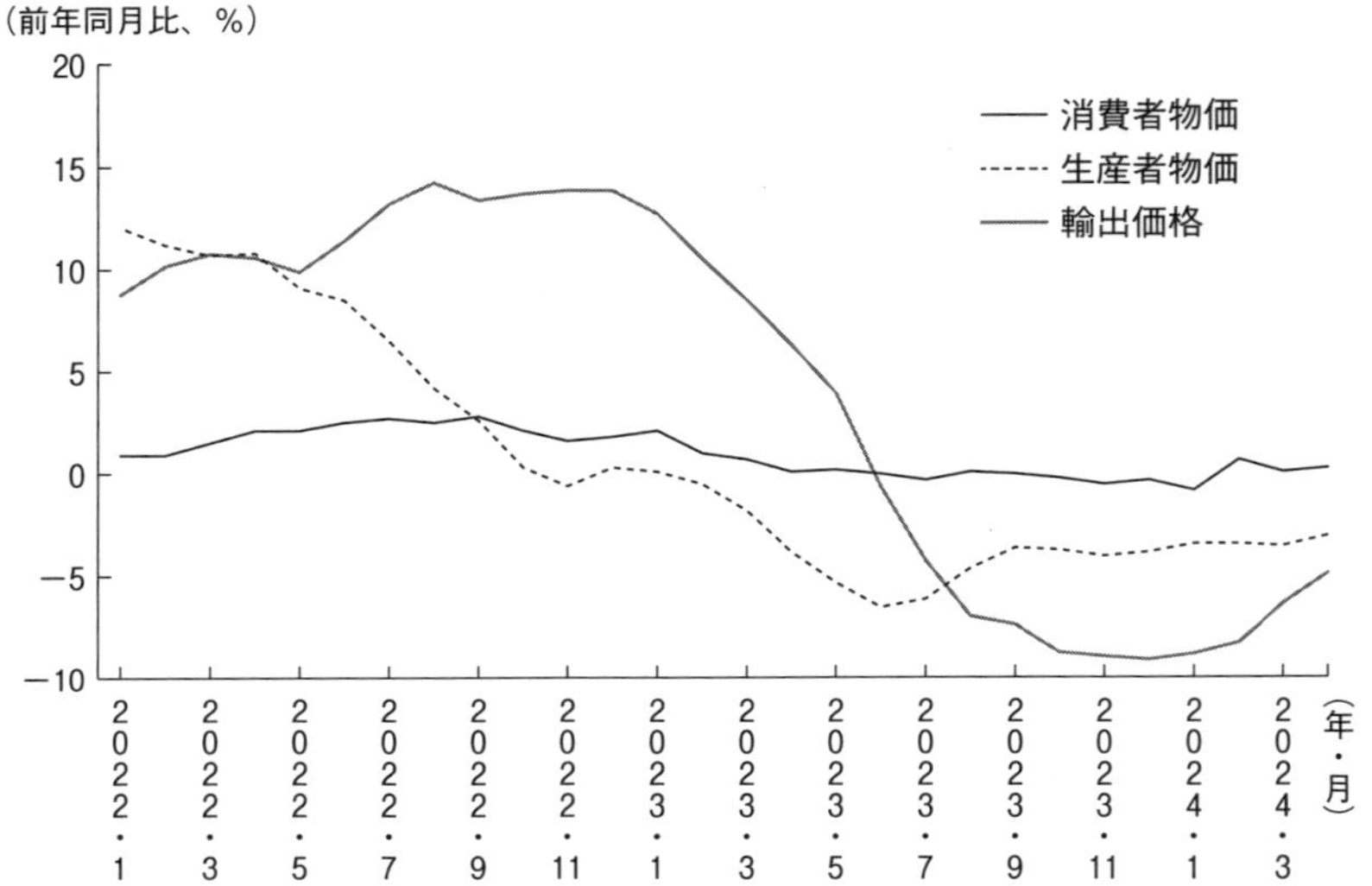

（出所）　BIS Annual Economic Report June 2024より野村総合研究所作成

メーカーは、政府の支援によってかろうじて生き残っている状態かもしれない。

「チャイナショック2・0」とは何か

ＯＥＣＤ（経済協力開発機構）によると、世界の鉄鋼の過剰な生産能力は、中国などの安価な鋼材が世界中に広がった約10年前の水準に近づいているという。当時は、米国のペンシルベニア州やオハイオ州で、多数の鉄鋼労働者が失職したとされる。

その底流には、米国政府が２００１年に中国のＷＴＯ（世界貿易機関）加盟を認めたことで、中国が先進国市場へのアクセスを強め、巨額の政府補助金など不公正な貿易慣行を通じて、米国に輸出攻勢をかけたことがある、と後にトランプ前政権は主張した。

これは、当時「チャイナショック」と表現されたが、10年程度経って同様の事態が再び懸念され始めて

図表7－2　人民元レートと中国の輸出数量

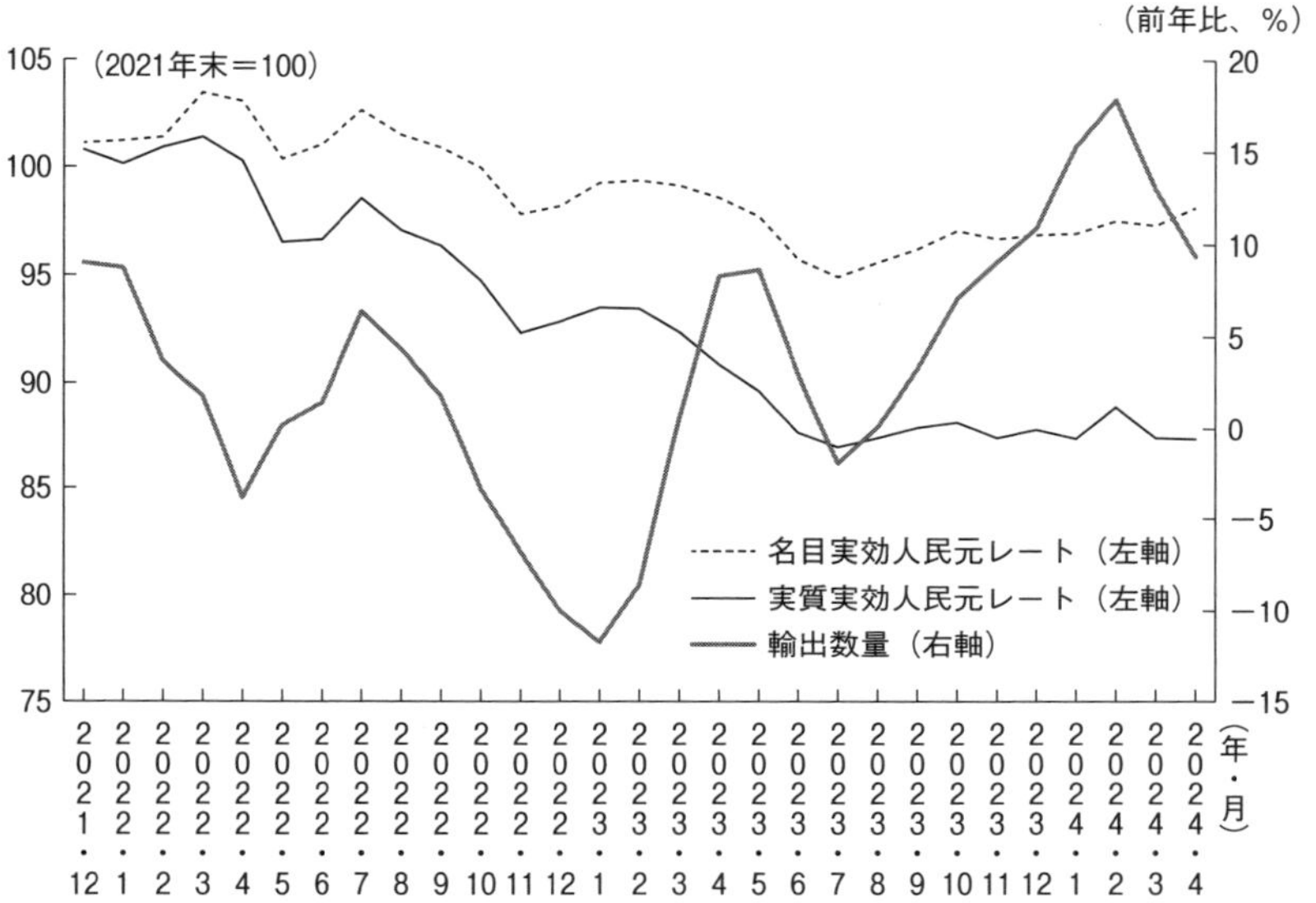

（注）　3か月移動平均値
（出所）　BIS Annual Economic Report June 2024より野村総合研究所作成

おり、今度は「チャイナショック2・0」と呼ばれているのである。

中国では2023年4月以降、消費者物価上昇率はゼロ%程度の低水準で推移している（図表7－1）。過去数年間、世界の主要国が物価高騰に苦しむ中、中国は逆にデフレ的な状況にある。背景には既に見たような国内での供給過剰問題があるだろう。それは、政府の補助金などによって市場メカニズムが歪められた結果とも考えられる。

さらに、中国が「世界の工場」の地位を失い、海外からの直接投資の減少を招いていることや国内での人口減少などが需要の低迷を生じさせていることも、供給過剰とデフレ圧力を生んでいるのだろう。

中国は国内での供給過剰問題を解決するために、安値での輸出を拡大させ、海外にデフレを輸出している構図だ。実際、中国の輸出価格は

図表７－３　業種別輸出価格と輸出数量の変化

	輸出数量の変化率	輸出価格の変化率	輸出量のウエイト
電機・電子部品	6.8	−10.7	42.3
繊維	7.1	−9.9	8.8
金属製品	5.9	−15.2	8.2
一般機械・輸送機械	−6.7	−9.8	7.3
その他	16.0	−19.9	7.3
化学	5.1	−7.1	5.9
木材・プラスチック	12.9	−13.3	5.0
医薬品	−3.2	−11.0	2.3
衣料	3.0	−18.2	2.2

（注）　%。変化率は2023年上期と2023年下期の比較
（出所）　BIS Annual Economic Report June 2024より野村総合研究所作成

２０２３年後半から、前年比で大幅マイナス状態にある（図表７－１）。

そして、輸出価格の下落をさらに助長しているのが、人民元安だ。特に実質実効人民元レートの下落傾向は明確である（図表７－２）。国内物価の低迷と通貨安による輸出価格の下落が、中国製品の価格競争力を高め、輸出数量を拡大させている構図が見てとれる。

各国はデフレを中国から輸出される

中国の輸出価格の下落と輸出数量の増加傾向を業種別に見たものが図表７－３だ。全体として、輸出価格と輸出数量との間には負の相関が見られており、輸出価格の下落幅が大きい業種ほど、輸出数量の増加率が高いという関係が見出される。

輸出の規模を考慮に入れた場合、輸出価格全体の低下に最も大きく寄与しているのが、半導体を含む「電機・

電子部品」だ。鉄鋼を含む「金属製品」も輸出価格全体の低下に大きく寄与している。

他方、欧米が関税率を大幅に引き上げたEVを含む「一般機械・輸送機械」の輸出価格の下落率は比較的小さく、また輸出数量は小幅に減少している。

中国製品の輸出増加が海外で強い反発を受けるかどうかは、輸出数量の増加率や価格の下落率の大きさよりも、それらが、各国が戦略上重視している業種であるか否かで決まるのだろう。

日本は「チャイナショック2・0」をむしろ歓迎か

BIS（国際決済銀行）の推計によると、2022年には、中国からの輸出は、主要12か国の輸入価格を平均（中央値）で前年比2・2％程度押し下げていたが、2023年第3四半期には同5・8％の押し下げ効果を発揮した（図表7－4）。またそれは、同期の各国の消費者物価を、平均で前年比1・5％程度も押し下げたと推計されている。

中国からの輸出の物価への影響は、中国との貿易関係が強い国ほど大きくなる。2023年第3四半期で輸入価格の下落効果が最大となったのは、オーストラリアの10・4％だ。日本も7・8％と平均（中央値）と比べて大きな輸入価格の押し下げ効果を受けている。それは国内消費者物価を、2・0％程度押し下げる影響を受けたと推定される。

しかし、日本では、中国製品の輸出攻勢によって、特定業種が打撃を受けているという批判は聞かれない。さらに中国が日本のデフレを輸出しているとの批判も聞かれない。かつては、中国からの安い輸入品が日本のデフレの

図表7－4　中国製品による各国輸入物価への影響

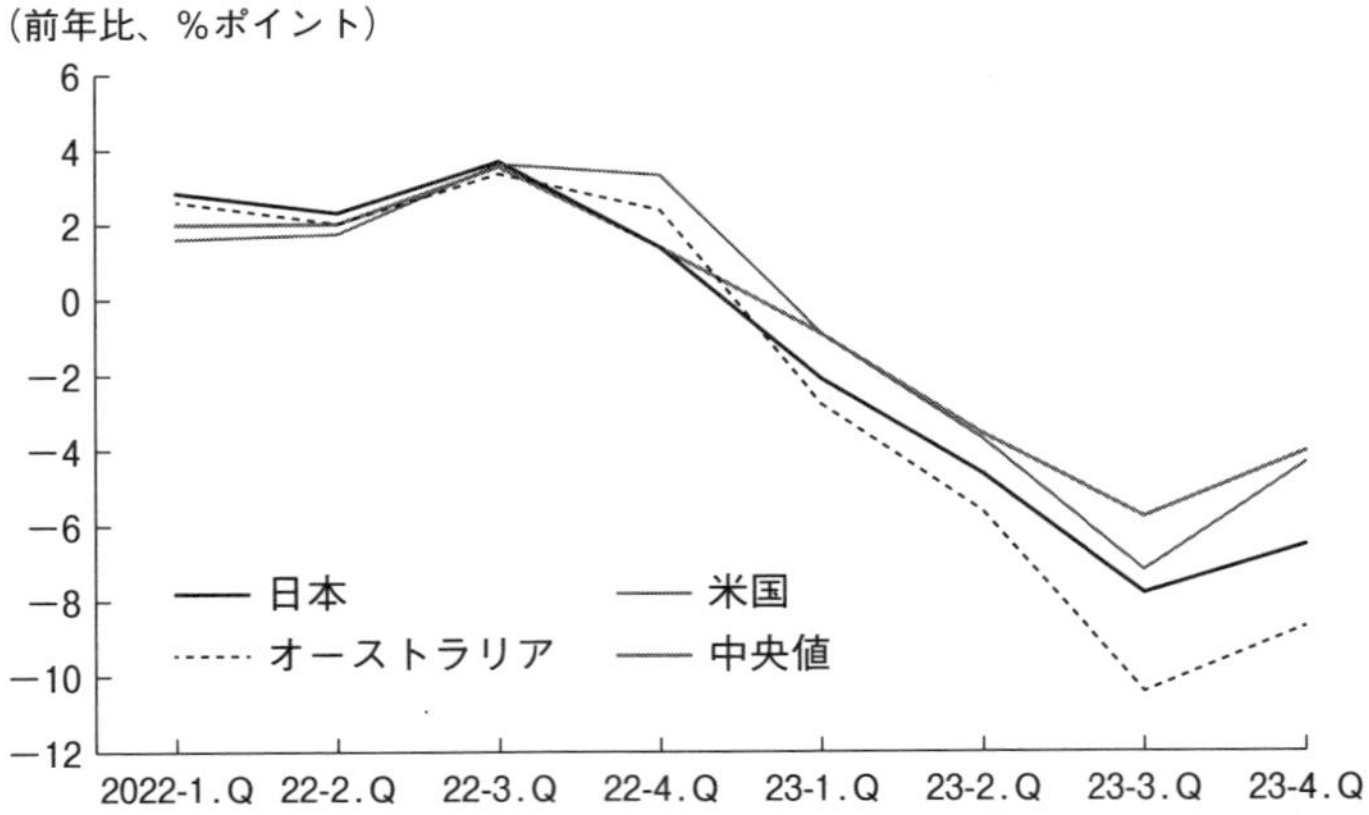

（出所）　BIS Annual Economic Report June 2024より野村総合研究所作成

原因の一つになっている、との議論が盛んになされていたが、現在ではそうした議論も聞かれない。

欧米以上に、日本は物価高が個人消費に大きな打撃を与えているのである。こうしたもとでは、中国製品の輸入増加によって国内物価の上昇が抑えられるのであれば、それは歓迎すべきことだろう。

こうした点から、中国の輸出過剰問題、「チャイナショック2・0」への対応で、日本が欧米と足並みを揃えて対中強硬策をとることには、本音では前向きでないのだろう。

中国への対抗を軸に、先進各国は経済安全保障政策で足並みを揃えているが、実際には各国が置かれた状況は異なることから、一枚岩となることは簡単ではない。ここに経済安全保障分野での協調策の難しさがある。

〈注〉

1　読売新聞オンライン「TSMC熊本進出「特需」、経済効果「100年に1度の規模」…課題は人材不足や交通渋滞」2023年9月29日

2　内閣府「経済安全保障促進法の概要」（https://www.cao.go.jp/

keizai_anzen_hosho/suishinhou/doc/gaiyo.pdf)

3 ピーター・ナヴァロ著、赤根洋子翻訳『米中もし戦わば』（２０１６年、文藝春秋）

4 Elsa B. Kania, "Battlefield Singularity: Artificial Intelligence, Military Revolution, and China's Future Military Power", Center for a New American Security, November 2017

5 G７財務大臣・中央銀行総裁会議声明（仮訳）（２０２４年5月23〜25日、於：イタリア・ストレーザ）(https://www.mof.go.jp/policy/international_policy/convention/g7/20240525.pdf)

【著者略歴】

木内　登英（きうち　たかひで）

野村総合研究所　エグゼクティブ・エコノミスト

1987年野村総合研究所に入社。経済研究部・日本経済調査室に配属され、以降、エコノミストとして職歴を重ねる。

1990年に野村総合研究所ドイツ（フランクフルト）、1996年には野村総合研究所アメリカ（ニューヨーク）で欧米の経済分析を担当。

2004年に野村證券に転籍し、2007年に経済調査部長兼チーフエコノミストとして、グローバルリサーチ体制下で日本経済予測を担当。

2012年に内閣の任命により、日本銀行の政策委員会審議委員に就任。5年の任期の後、2017年より野村総合研究所エグゼクティブ・エコノミスト。

主な著書に、『異次元緩和の真実』（日本経済新聞出版社、2017年）、『決定版デジタル人民元』（東洋経済新報社、2021年）、『投資家の疑問に答える　日銀の出口戦略Q&A』（銀行研修社、2022年）。

日本経済の今を理解する７つのキーワード

2025年１月23日　第１刷発行
2025年６月５日　第２刷発行

著　者　木　内　登　英
発行者　加　藤　一　浩

〒160-8519　東京都新宿区南元町19
発　行　所　一般社団法人 金融財政事情研究会
出　版　部　TEL 03(3355)2251　FAX 03(3357)7416
販売受付　TEL 03(3358)2891　FAX 03(3358)0037
URL https://www.kinzai.jp/

DTP・校正：株式会社友人社／印刷：三松堂株式会社

ISBN978-4-322-14504-5